多文化間共修

多様な文化背景をもつ
大学生の学び合いを支援する

坂本　利子

堀江　未来

米澤 由香子

【編著】

学文社

編者・執筆者

【編　者】
　坂本　利子　立命館大学産業社会学部　教授
　堀江　未来　立命館大学国際教育推進機構　准教授
　米澤由香子　東北大学国際連携推進機構　助教

【執筆者】
　堀江　未来　立命館大学国際教育推進機構　准教授（第1章）
　米澤由香子　東北大学国際連携推進機構　助教（第2章）
　Sophie Arkoudis　メルボルン大学高等教育研究センター　教授（第2章）
　青木麻衣子　北海道大学国際連携機構国際教育研究センター
　　　　　　　准教授（第3章）
　小河原義朗　北海道大学国際連携機構国際教育研究センター
　　　　　　　准教授（第3章）
　末松　和子　東北大学高度教養教育・学生支援機構　教授（第4章）
　髙木ひとみ　名古屋大学国際機構国際教育交流センター
　　　　　　　特任准教授（第5章）
　坂本　利子　立命館大学産業社会学部　教授（第6章）
　西岡麻衣子　元立命館大学国際教育推進機構　日本語教育担当嘱
　　　　　　　託講師（第6章）
　平井　達也　立命館アジア太平洋大学教育開発・学修支援センター
　　　　　　　准教授（第7章）
　秦　喜美恵　立命館アジア太平洋大学教育開発・学修支援センター
　　　　　　　教授（第7章）

（執筆順）

はじめに

　日本の大学では，ここ数十年の間，目覚ましい勢いで国際化の取り組みが進んでいる。日本の大学で学ぶ外国人留学生数は，「留学生10万人計画」が発表された1983年には約1万人であったものが，2003年には10万人を超え，2009年以降は，2020年をめどに30万人の受け入れを目指す政府主導の政策が展開している。派遣留学生数も，近年こそ減少傾向が注目されているが，大きな流れでみれば，1983年の1万8千人から2011年の5万7千人に増加しているとともに，現行の大学国際化政策のさまざまな取り組みによって今後倍増が見込まれている。また各大学における大学間協定締結の取り組みも進み，その制度を利用して留学する学生数は2012年度には4万3千人となった。日本を取り巻く大学生の国際移動という点において，量的拡大は明らかである。

　しかし，国境を越えて学ぶ学生の数が増加しているとはいえ，それは高等教育にかかわる学生の全体からみれば，ほんの一部にすぎない。1999年，ベンクト・ニルセンは，EU圏内における学生交流の促進を意図したエラスムス計画によって学生の留学機会が拡大し，全体の10％の学生が一学期以上の海外留学経験を積めるようになったことを喜びつつも，「では，残りの90％はそのままでいいのか？」と疑問を投げかけた。その後，ニルセン氏を中心に「Internationalization at Home」というキーワードにより，学内外に存在する文化的に多様なコミュニティをカリキュラム内外での学びのリソース

として捉え，活用し，国外移動を伴わずとも異なる文化や世界の多様性について学ぶ機会を拡大しようという動きがヨーロッパの高等教育界において強まった。

　日本の大学においても，同様の問題意識が，国際教育交流に関わる学生や教職員を中心に強く共有されている。日本人学生は「留学生ともっと親しくなりたいけど近づきにくい」「授業で一緒になっても，どうやって話しかけたらいいかわからない」という一方で，留学生からは「日本人学生の意見をもっと聞いてみたいけどなかなかその機会がない」「サークル活動に参加して，日本の学生の生活をもっとよく知りたいけど，参加しづらい」という声が聞かれる。また，教員には「留学生と日本人学生がもっと自然に議論できるようにしたい」「学生の多様な文化的背景をもっと生かした授業がしたい」という思惑がある。どの意見も，「興味はあるが，方法がわからない，うまくいかない」という悩みの裏返しでもあるといえる。

　異文化間心理学の諸理論は，多文化環境において，つい自分と「似た」人と寄り集まってしまうのは自然な心の傾向であることを指摘している。同じ言語を話し，近しい価値観を持ち，「常識」を共有している相手とは，多くを説明しなくともすんなりと物事が前進することが多い。一方，文化の異なる相手とは，コミュニケーションの方法が異なることから誤解が生じたり，当たり前のことが通じなかったり，「気まずい感じ」になったりと，関係性を築くまでにより多くの労力や忍耐と特殊なスキルが必要になる。したがって，お互いに「友達になりたい」想いがあっても，行動として踏み込めない，踏み込んだとしても成果をみるまで継続できないのが，現実で

ある。しかし，そのプロセスには人間の成長につながる豊かな学び
が隠されていることにも，この課題に関心を持つ学生や教職員は直
観的に気づいているのであろう。

　本書では，「多文化間共修」を，「文化的背景が多様な学生によっ
て構成される学びのコミュニティ（正課活動及び正課外活動）におい
て，その文化的多様性を学習リソースとして捉え，メンバーが相互
交流を通して学び合う仕組み」[1]と定義し，さらに，教育的意図を
もってその仕組みを構築することを，「多文化間共修支援」とする。

　本書の目的は，多文化間共修の仕組みを構築する上での多様な側
面，例えばその理念・方法論・実践上の工夫や課題について検討す
ることである。本書の内容は二つの部分に分けることができ，第1章・
第2章では主に理論的考察を，第2章から第7章においては事例を
扱っている。具体的には，第1章では，多文化間共修における学び
のプロセスを理解するため，異文化間教育学や教育心理学等関連分
野の理論や概念を用いて議論する。第2章では，日本に先駆けて
2010年に行われた多文化間共修の理論枠組みを構築する「Finding
Common Ground」プロジェクトを紹介しつつ，日本の高等教育文
脈における適用可能性について考察する。その上で，第3章から第
7章においては，日本国内における多様な取り組みの中から5大学
における事例を紹介し，それぞれの成功事例や課題・展望について
議論する。

　日本の大学において多文化間共修の実践が拡大し，そこでの学び
の質が充実することは，大学の国際化に実質的な価値をもたらすも
のである。多文化間共修について，日本の大学で広く適用可能な方

法論を確立させる取り組みはまだ始まったばかりであり，その流れ
に寄与することが，本書の趣旨である。

2017 年 1 月

編　者

注
1)　ここでいう「文化的背景」には，国籍や民族，言語，宗教だけでな
　　く，価値観や行動様式の形成過程に影響するあらゆる要素が含まれる。

目　　次

第1章

多文化間共修とは：
背景・理念・理論的枠組みの考察

　「文化的背景の異なる学生同士が学び合う」という現象について，近年，とりわけ高等教育の国際化政策の文脈においてその教育的価値が強調されるようになった。本書の「はじめに」で述べた通り，各大学において多様な多文化間共修の取り組みがなされ，試行錯誤が続いている。これは日本に限った話ではなく，世界各地で国際化を推進しようとする大学において共通して見られる現象でもある。実際，異（多）文化環境でもまれて大きく成長する学生の姿を間近で見ている私たち国際教育実践者は，「文化的背景が異なる学生同士が学び合う」ことに教育的価値が有ることを体験的に理解している。しかし，ただその環境が存在するだけでうまくいくわけではないことも実感している。さらに批判的にみれば，「文化的背景が異なる学生」間の交流自体に強調点がおかれ，その現象の中にどのような教育的効果があるのか，またどのような意図を持って教育の場が設計されるべきかについて，あまり明らかにされていないことも指摘できる。そのため，各実践の「質」が，担当者の経験と工夫の幅に規定されるのが現状である。

　筆者自身，これまでの教育実践においては，常に国内外の学生がともに学べる環境設定を目指してきた。これは，異文化コミュニケ

1

ーションや多文化間リーダーシップ，比較教育論といった授業内容に大きくよるところもあるが，何より，文化的に多様な学生が教室内に存在することでもたらされる効果に期待するところが大きい。たとえば，ディスカッションの中ではあらゆるトピックに関する視点に広がりがもたらされること，グループワークなど共同作業の中で学生がコミュニケーションや作業プロセスのあり方についてのメタ分析を促しやすくなること，自身や他者に対するステレオタイプや偏見，さらには自分自身が無意識に収まっていた「箱」の存在に気づく機会が創出できることなど。「多文化間共修」[1] の考え方は，筆者自身の教育理念と親和性があるため，その教育実践のひとつの方法として「多文化」環境を活用してきたともいえる。筆者自身の教育理念とは，各学生がそれぞれにおかれた社会的文脈をより多面的かつクリティカルに捉え，自分の強みをいかし努力できる分野を見つけ，その力を自由に発揮しながら社会に貢献できる道を作って欲しいという考えである。

　本章では，まず，第1節において多文化間共修論の背景，とりわけ大学の国際化論や留学生教育論の文脈で議論されてきた内容をまとめた上で，その意義をいくつかの視点から述べる。第2節においては，多文化間共修の方法論について，学習者中心の教授法を前提としながら，異文化間能力の育成をいくつかの理論的枠組みを踏まえながら議論する。多文化間共修を効果的に行うために参照できる理論的枠組みは多種存在するが，ここでは，筆者の実践において基盤としている理論を中心に紹介する。多文化間共修の方法論については，世界のいくつかの拠点で理論的枠組みの構築が試みられてお

り，本論もその流れの一部に寄与することを期待している。

第 1 節　多文化間共修論の背景と意義

1. 大学の国際化と多文化間共修

　近年の日本の大学にとって，また世界の多くの大学にとっても，「国際化」は主要な改革課題の一つである。2000 年代以降，多様な社会文化的状況におかれる世界中の大学を，その文脈の差異への考慮を排除した統一基準でランク付けしようと試みる，いわゆる世界大学ランキングの各種取り組みが，多種批判はあるにせよ，無視できない存在となった。その結果，学生の大学選択だけでなく，大学間のパートナーシップ形成や競争資金獲得など，大学運営に対して広範囲に一定の影響力をもつようになっている。一方，優秀層を獲得しようとする高等教育市場において，学生の国籍はあまり意味をもたなくなりつつある。学生も各自の希望にしたがって，複数の留学先を組み合わせて自らの学習経験を形成することに対する心理的・物理的ハードルが低くなっている。このような状況を，高等教育市場のグローバル化と呼ぶことができる。そして，個々の大学がその本質的な社会的役割として，教育，研究，社会貢献等における質を確保，またはさらに向上させようとする場合，国内外の高等教育市場のグローバル化に対応することは，避けられない課題となっている。また，こういった課題への受け身の対応を，大学の国際化であると認識される側面がある。

　しかし本論においては，グローバル化に伴う課題への受け身の対

応としてではなく，能動的かつ主体的な改革を望む姿勢として，大学の国際化を定義しておきたい。これまで大学の国際化については，さまざまな定義が試みられてきたが，ここでは，デ・ヴィットら（De Wit, Hunter, Howard & Egron-Polak, 2015）による，「高等教育の目的，機能，運営において，国際的・異文化間的・地球規模的側面を統合する意図的なプロセスであり，その結果，全ての学生や教職員が関わる教育・研究の質を高め，社会に対して意味ある貢献を行うことを目指すこと」という定義を紹介したい。ここで，大学の国際化においては「教育・研究の質を高め」，「社会に対して意味ある貢献を行う」ことが，究極の目的として想定されている点に注目したい。社会状況や大学の持つ社会的役割や意義などの違いから，各国における高等教育政策の重点は異なるが，高等教育の現場で国際化に携わる教職員および研究者の意識として，大学の国際化とは，教育・研究・社会貢献における大学の機能を向上させる方策のひとつである。

　日本の大学の国際化については，国レベルでは，政策展開を通じての数値目標の達成といった「量」の拡大が強調される一方，現場レベルでは教育実践や環境整備の「質」の向上を伴った数値目標達成への努力が意識されてきた（Horie, 2003）。1983 年に施行されたいわゆる「留学生 10 万人計画」は，当時約 1 万人だった外国人留学生数を 2000 年に 10 万人に増加させ，さらに，2008 年に開始した「留学生 30 万人計画」では，2020 年までに 30 万人程度に増加させることを目指している。双方とも一見，留学生数という量的側面が前面にあるが，後者については，その具体化プロジェクトの一

つである「大学の国際化のためのネットワーク形成推進事業（グローバル 30）」にみられるように，英語による学位プログラムの開発と質の向上，留学生支援制度の充実による学習成果および満足度の向上，多言語によるキャンパス環境整備，留学生の就職支援，国際化に関する SD/FD 機会の充実など，キャンパスにおける留学生のプレゼンスの向上をきっかけとして，大学のさまざまな側面における「質」を向上させようというねらいがある。また，海外派遣留学生数についても，2020 年までに 12 万人まで倍増させる政策が策定されており，それを具体化する政府主導のプロジェクトとして，「経済社会を牽引するグローバル人材育成支援（Go Global Japan）」や「官民協働海外留学支援制度（トビタテ！留学ジャパン）」などが施行されてきた。前者においては，専門分野の学習やカリキュラムと海外留学機会の統合や留学前後における教育支援の充実，後者においては留学計画や目的の多様性重視，奨学生選考や準備・フォローアップ教育における企業等産業界との連携等が試みられており，参加学生の学習経験の「質」の向上によって，結果的に参加学生の増加という「量」の拡大につながる仕組みがある。

　大学の国際化プロセスにおいて，上記のような「質の向上と量の拡大の相互作用」をねらいとする姿勢の延長線上に，「多文化間共修」の意義を位置づけることができる。つまり，多文化間共修の機会を提供することで，国際化によって拡大される教育機会を，より広く一般の学生（つまり，大学教育の一環として国際移動を経験しない学生）も享受できる仕組みとしようとする考え方である。外国人留学生や海外留学参加者といった一部の学生だけでなく，大学の国際化は全

ての学生を対象として想定すべきという主張であり，これは日本の大学国際化過程における新段階ともいえる。この方針は，2014年度に開始した「スーパーグローバル大学創成支援事業（SGU）」の中にも明確に位置づけられている。そして，大学教育の一環として国際移動をしない大多数の一般学生が広く参加しうる教育機会の一つが,「多文化間共修」を意図する正課活動および正課外活動である。

　現行の国際化政策が計画通りにすすめば，日本の大学には外国人留学生数や海外留学経験者数が増加し，キャンパス全体におけるプレゼンスが増す。そういった学生の存在を少数派として扱うのではなく，学びのコミュニティに豊かな視点をもたらす貴重な存在として認識するとともに，学生自身がそれぞれの違いを認め合い，お互いの学びを高めあえる教育的仕組みを構築すること，これが多文化間共修を促進する理念である。多文化間共修機会を広く展開し，より多くの学生に対して質の高い実践を行うことが，現行の国際化施策の実現において重要な鍵であり，国際化のプロセスを大学教育の質の向上につなげるうえでも必要な観点である。

2. 多文化間共修論の背景

　先に述べたように，多文化間共修においては，学びのコミュニティを構成するメンバー（教職員学生含む）がその文化的多様性の存在に気づいていること，そして，そのことを学びのリソースと捉える価値観を共有していることが前提となる。筆者の知る限り，留学生受け入れ政策議論の文脈において，もっとも早い時期にこの主張を行ったのはジョセフ・メステンハウザー氏（米国・ミネソタ大学

名誉教授）であり，外国人留学生の存在は，他の学生に対して学びの刺激を与える先生のような役割を果たしていることを指摘した（Mestenhauser, 1976）。この論文において，メステンハウザーは，アメリカの留学生受け入れ政策の議論においては，その経済効果や留学生個人の不適応問題等ネガティブな側面ばかりが注目されることを批判的にとらえつつ，教室内に外国人留学生が存在することの教育的価値について指摘した。いわく，自分にとって当たり前すぎて批判的に考察できない事象に対して，留学生は新しい視点をもたらす貴重な存在である，ということである。この論は，後にベネットが異文化学習のガイドラインとして提唱する，自文化中心主義（ethnocentrism）から文化的相対主義（ethnorelativism）への移行のプロセスにおいて必須とされる「複数の文化的枠組みから物事を考察する力」の獲得につながるものでもある。メステンハウザーの主張は，当時は一部に歓迎されたものの，一般世論においては新奇的であったともいえる。しかし，近年においては，学びのコミュニティにおける文化的多様性の存在は教育的に価値がある，というこの考え方は少なくとも大学の国際教育実践現場には広く浸透しつつある。

　ここで，多文化間共修を推進する別の文脈に目を向けたい。欧州では，エラスムス計画の開始から約 30 年がたち，欧州域内における大学間学生交流制度に参加する留学生数は 2013 年度には約 300 万人となった[2]。このように大規模な学生の国際移動は，欧州域内における大学が国際通用性（または欧州域内通用性）を高めるきっかけとして有効に作用している。そして，この流れが加速しはじめた 1999 年，当時スウェーデンのマルメ大学に務めていたベンクト・

ニルセンは,「エラスムスに参加する学生は全体の10%にすぎない。残りの90%の学生はこのままでよいのか？」という問いを, 欧州の国際教育関係者に対して投げかけた (Crowther, et al., 2000)。つまり, 留学を経験する学生は増えたといっても全体の10%にすぎず, 社会全体が異文化に対する感受性を高め, 文化的な多様性の中で平和に共存するための方策を確立するにはインパクトが弱すぎるのではないか, という指摘である。そこでニルセンは,「Internationalization at Home (IaH)」(内なる国際化) という概念を提唱し, 大学キャンパスを取り巻く地域社会の文化的多様性を学習リソースとして活用する科目設計および教授法を推進した。この概念は, 関係者間で広く賛同を得, EAIE (European Association for International Education 大学を中心とした国際教育関係者による協議会組織) には IaH 分科会が設立され, 活発な活動を続けている[3]。

現在では, 大学の国際化, または大学における国際教育プログラムの開発を「Internationalization Abroad」と「Internationalization at Home」の2つにわけて説明することも見受けられるようになった。前者は海外で展開する国際教育プログラムの開発を指し, 後者はキャンパス内における国際教育プログラムの開発を指す。学生の国際移動を伴わないプログラムであっても, 多文化間共修の仕組みを提供すれば, 異文化に対する感受性や対応能力を高め, 文化の多様性を理解し, グローバル化に対応するスキルを育成するといった国際教育の趣旨を反映できることが認知されつつある。

カリキュラムの一部として多文化間共修の環境を整備することは, 国内学生の眼を異文化に向かせ, 海外留学の動機付けにつなげる効

8

果がある。また同時に，外国人留学生がキャンパス・コミュニティ
への所属意識を高める効果が期待できるとともに，それによって日
本留学への満足度を高めることも考えられる。つまり，多文化間共
修の促進は，それ自体に教育的価値があるだけではなく，外国人留
学生数や海外派遣数の増加といった，大学国際化の量的拡大の側面
にも間接的に寄与する仕組みとなりうる。

3. 多文化間共修の意義と目的：異文化間能力の育成

　あらためて，教室内（またはその他あらゆる学びの空間）に学生の
文化的多様性が存在することは，どのような教育的意義があるのだ
ろうか。学生の文化的多様性は，教育資源としてどのように活かす
事ができるのだろうか。

　先に述べたとおり，多文化間共修においては，理論的には，異文
化体験を伴う教育事象の効果と同様のものを期待できる。異文化体
験を伴う教育的経験を通して得られるスキル・能力・姿勢について
は，異文化教育分野でさまざまな項目が提示されているが，ここで
はその一例として，以下のリストを挙げておきたい（表1-1）。

　多文化間共修で獲得される能力を認知・非認知能力の区分けで考
えれば，非認知能力を育成するものと概ね分類できるであろう。多
文化間共修は，その学びの仕掛けが十分に機能する場合，上記のよ
うな非認知能力を高めることが期待できる。

　また，これらのスキル・能力・姿勢を総合して「異文化間能力」
と呼ぶことができる。異文化間能力とは，どの文化であるかに関わ
りなく，多文化／異文化環境において社会的な役割や自己実現を果

表 1-1　異文化体験を通じて獲得されうるスキル・能力・姿勢

コミュニケーション力	自己理解	曖昧さに対する許容
オープンな心	交渉力	試行錯誤できる力
違いを楽しむ気持ち	価値判断を保留する姿勢	問題発見・解決力
相互理解・尊重の姿勢	創造性があること	ストレス・コントロール
好奇心	想像力	感情コントロール
良い聴き手であること	忍耐力	立ち直る力
柔軟な考えと行動	省察力	情報収集力
外国語力	観察力	ユーモア
多面的な見方	自信	

出所）BRIDGE Institute, 2014 に一部加筆

たすために必要な認知的・情緒的・行動的スキルの総体である（Ruben, 1989；Pusch, 1994；Horie, 2000；Hammer, 2012）。また後述のとおり，認知・情緒・行動といった 3 つの側面が相互作用的に成長することが前提となるため，異文化間能力の向上を目指す教育実践においては，自らの感情や行動の変化を認識できるような経験学習型の教授法が有効であるとされている（Paige, 1993）。

　では，異文化間能力の発達が目指すところは何だろうか。とりわけ，大学教育の文脈において育成しうる異文化間能力とは何だろうか。この問いに対しては，それぞれの教育現場や担当者の意図によって，多様な答えがありうる。たとえば，異（多）文化環境においても効果的に自己を発揮し目的を達成できることや，自分のこころの中にある差別や偏見に批判的に気づき，修正しながら，多文化共生社会の一員として役割を果たしていくことなどが，一例としてあげられる。実際，ビジネス分野における異文化対応トレーニングの現場においては前者が強調され，グローバル市場においてより便利

で実践的なツールを与えるための方法論が実施される傾向もある。しかし大学教育の現場，とりわけあらゆる専門分野の学生を対象とした汎用性の高い取り組みを想定すれば，異（多）文化環境で問題を回避しつつ便利に動けるための道具を与えることよりも，自分の考えや能力が試されるさまざまな環境において，自ら問題を捉え，解決の工夫をし，その結果新たな知見と自信を獲得するプロセスこそが重要で，異文化間能力はその結果として得られるものというのが筆者の考えである。つまり，大学教育の文脈においては，異文化間能力を獲得するプロセスに意識を向かせ，学習者自身が自立的にそのプロセスを経験することに重きをおきたいと考えている。

　その上で，ベネット（Bennett, 1993）が先に提唱し，後にハマー（Hammer, 2013）が発展させた IDC（Intercultural Development Continuum 異文化間能力発達モデル）は，異文化間能力を段階として示したモデルとして示唆に富んでいる。IDC の各段階については第2節でより詳しく述べるが，ここでは，そのモデルの最終地点として示されている「Adaptation（適応）」の段階について紹介したい。この段階においては，多様な異文化接触状況の経験を経て，「文化が異なる」ということについてのより複雑な概念理解と高い感受性を持ちつつ，あらゆる場面において適切に自分の認知面・情緒面・行動面を調整することができるとともに，新たな状況において常に学び続ける姿勢を保つ。また，こういった知識やスキルを持って，社会に貢献しようとする行動力やリーダーシップ力を同時に発揮できることも特徴とされている。つまり，IDC の示す「異文化間能力の高い状態」とは，特定文化に関する情報を熟知しているという

11

ことではなく，常に新しい環境から学ぼうとする成長への前向きな姿勢を持ちながら，状況に応じて自分の視点・考え方・姿勢・行動パターンを調整することができる力といえる。

　同様な考え方として，メステンハウザー（Mestenhauser, 1981）は，異文化間能力の育成は，究極的には「あらゆる経験において，自己発見を通じて学び続けることができる自立した学習者」の育成につながると指摘している。異文化間能力が高まるほど，文化理解の複雑性と多様性に気づき，多面的に物事を見る視点を通して自分の知らないことに気づく感受性も高まるため，何事も謙虚に学ぶ姿勢がより強化される。つまり，IDC も指摘している通り，異文化間能力の向上に終わりはないのである。

第 2 節　多文化間共修の方法論：異文化間能力育成の視点から

　本節では，多文化間共修の方法論の可能性について，いくつかの理論的枠組みを参照しながら述べたい。ただし，これらは先の述べた趣旨に基づく文脈における筆者自身の実践経験から導き出されたものに過ぎず，多文化間共修のあらゆる場面において適用可能とはいえない。国内外でさまざまな実践がなされる中でその効果が検証され，方法論に関する議論が進められているところである。多文化間共修の方法論が広く議論・共有されることを目指す趣旨から，筆者が実践の基盤としてきた理論的基盤を論じるものである。

1. 多文化間共修における「文化」の捉え方

　多文化間共修論を展開する上で，まず，「文化」とは何を指すのかを明らかにしておきたい。教室内の多様性という場合，日本人学生／外国人留学生といったような国籍の違いに意識が向くことは自然である。しかしここでは，「文化の多様性」を国籍の多様性以上のものとして捉えたい。

　「文化」の定義については，文化人類学や異文化間コミュニケーションの分野等で，繰り返し試みられている。いくつか例を挙げると以下のとおりである。

　「文化とは，人をあるグループのメンバーとしてほかのグループから分けるため，集団としてプログラムされた意識」（Hofstede, Hofstede & Minkov, 2010）

　「文化は，一定のパターンを持った考え方，感じ方，そして反応の仕方といった要素から成り立っている。文化の根本をなすのは，伝統的な考え方であり，それに付随する価値観である。」（Kluckhohn, 1962）

　「文化は，あるグループの人々が根本的な問題，たとえば宇宙の始まり，自然環境における予期しないできごと，社会の本質，物事の順序立てにおける人間の立場などといった問題に直面したときにみせる一定の反応のことである。」（Hall, 1979）

　これらの定義に共通することは，「文化」とは，一定の人数で構成される「集団」内で共有される価値観や行動様式の総体であると

いうことである。

　この定義にしたがえば，「文化集団」には，人種・年代・出身地・性別・ジェンダー・性的志向性・社会階級・民族・言語・職業・趣味・過去の経験などといった多様な分類が考えられる (Paige,1993)。一人の人間の文化的帰属意識も重層的に捉えることができ，教室内の「文化集団」も，切り口を変えて多面的に認識することができる。たとえば，教室内には日本人教員（40代女性）と30人の学生（日本の学生の他，多様な国籍の留学生）がいるとする。国籍でみれば，日本人教員＋学生グループと外国人留学生グループという単純な分類ができるが，年代でみれば，教員と学生は別の分類となる（クラスの学生全員が，出身国や言語に関係なくハリー・ポッターを読んで育った世代とわかったとき，学生間では話が弾んだ一方，その世界観を全く知らない私は取り残されるばかりだった）。また，言語学習経験や，専攻分野などによっても文化グループを分けて考えることができる。さらに，日本の大学の「一般的な学生」，つまり，日本で長年くらし，日本の小中高を経て大学に入学した学生，言い換えれば留学生以外のすべての学生が必ずしも国籍の上で「日本人学生」とは限らず（その意味で，上では「日本の学生」とした），必ずしも日常的に見える形になっていない文化的アイデンティティも含めて考えれば，教室内の「文化集団」は非常に多層的・多面的に捉えることができるのである。

　ここで，「文化」を理解する上で重要な，重層性という特徴を示すため，「氷山モデル」（Althen, 1981）と「たまねぎモデル」（Hofstede, Hofstede, & Minkov, 2010）を紹介したい。

氷山モデル：文化は氷山のようなものである。水面の上に見える
　　部分があり，水面化には見えない部分がある。見える部分はほ
　　んの一部であり，それは氷山の大部分を占める見えない部分に
　　よって支えられている。文化も同様に，見える部分と見えない
　　部分がある。見える部分には，服装，食事，建物，音楽，言葉，
　　行動様式などが含まれる。見えない部分には，考え方，価値観，
　　言葉の意味，行動の意味，社会概念，宗教観などが含まれる。
たまねぎモデル：文化はたまねぎのようなものである。たまねぎ
　　がいくつもの層からなっているように，文化も重層的な成り立
　　ちをしており，大きくわけると4つの層がある。表面には「シ
　　ンボル」の層，次に「英雄」と「儀礼」があり，それぞれその
　　文化における価値観を体現する記号，人物像，社会構造などが
　　示されている。これらは生活上の実践によってある程度見える
　　状態にある。たまねぎの核となる部分には「価値観」が存在す
　　る。価値観を共有しないメンバーが同じような社会実践をまね
　　ることは可能だが，その根底に流れる価値観や本当の意味を必
　　ずしも正確に理解されるとは限らない。

　異なる文化の理解においては，表層的な部分（氷山の見える部分
／タマネギの表面），つまり，民族衣装や伝統舞踊，建築物，食習慣
の違いなどは比較的容易であり，また違いを楽しむといった娯楽的
要素も含めることができる。一方，価値観や考え方，行動の意味，
社会通念などといった文化の見えない部分については，外部の者に
とって理解することは容易ではない。また，その社会における価値

観や社会通念などは，当事者にとっては「当たり前のこと」であるため，日常生活において特に注意を払われておらず，そのため明確に言語化されることも少ない。この，「見えない部分」，つまり，より把握と理解が困難な部分に対する気づきを高めることが，異文化間能力向上の第一歩である。言い換えれば，相手の文化に対して，まだ自分が十分理解しきれていない隠れた部分があると想定しながら探求を続けることが，異文化学習の基本姿勢といえる。

2. 異文化間能力の段階的発達

　先に述べたように，異文化間能力の向上の出発点となるのは，「文化が異なるとはどういうことか」という問いに対する多面的な理解であり，「文化」を重層的に捉える視点の獲得である。しかし，深いレベルでの異文化理解は，異文化に対する姿勢が「自文化中心主義（ethnocentrism）」の段階にある者にとっては不可能であろうことが指摘されており，自文化中心主義を「文化的相対主義（ethnorelativism）」へと移行させることが，異文化間能力の獲得プロセスにおいて，同時に必要となる。

◆ 自文化中心主義とは

　自文化中心主義とは，自分の価値観や判断基準が普遍的なものと信じ，あらゆる事柄をその基準をもって判断しようとする心の状態である。人は多くの場合，生まれ育った社会における「適切な」人間像に関して，教育やさまざまな機会を通して繰り返し社会的にメッセージを受け続けるため，自文化中心主義的な姿勢が育まれるこ

とは自然なことといえる（Bennett, 1993）。さらには，人間は，自分の生存にとって重要ではないことはそもそも認知できないような文化的参照枠（cultural frame of reference）を形成している。メステンハウザー（Mestenhauser, 2001）の指摘によれば，「新しい情報は既知の枠組みでしか処理されないよう，脳の構造ができあがっている」のである。したがって，異文化を理解しない，ということはモラルや動機付けの問題ではなく，人の認知システムによるともいえる。したがって，自分にとって当たり前と思われる価値観のパターンや考え方を超えたものを理解するには，認知のキャパシティを拡大する必要があり，そのためには学習過程における意図的な仕組みとしかけが必要となる。また，このような学びは長期的なプロセスを必要とする。

◆ 異文化間能力発達モデル

　自文化中心主義を超え，異文化間能力を獲得するプロセスとして，先に紹介した IDC（異文化間能力発達モデル（Intercultural Development Continuum，異文化間能力発達モデル）をガイドラインとして紹介したい（Bennett, 1993；Hammer, 2012）。IDC は，自文化中心主義から文化的相対主義に至るプロセスを以下の 5 段階に分けたモデルであり，それぞれの段階における認知面・情緒面・行動面での特徴と成長課題が示されている。

　このモデルは，異文化間能力の向上のガイドラインとして学習者本人が参照できるだけでなく，教育支援者側が，各段階における成長課題と学びを促進する刺激の与え方を考える上でも有効である。

その中で最も示唆的なのは，各段階において，異文化のどの部分に注目させるのかといった方向付けが異なる点である[4]。たとえば，第1段階〈異文化の否定〉から第2段階〈二極化〉へ移行するためには，自文化と異文化の「異なる点」に注目し，文化の違いが存在することを認識しなければならない。そして，第2段階〈二極化〉から第3段階〈最小化〉への移行のためには，自文化と異文化の「共通点」に目を向ける必要がある。さらに，第3段階〈最小化〉から第4段階〈受容〉への移行には，再度，自文化と異文化の見えない

表 1-2　異文化間能力発達モデルの 5 段階

自文化 中心主義 ↑	第1段階 否定 Denial	・異文化に対して無関心。文化の違いは重要でないと感じる。 ・異文化を説明する概念をもたないか，漠然とした考えしかない。 ・自分の慣れ親しんだものに無意識的に近づくため，結果的に異文化を避けている。
	第2段階 二極化 Polarization	・文化の違いを意識するが，すべてに対して「善悪」「正誤」など二極化された価値判断を行う。多くの場合は，異なる文化に対して否定的な評価をする。 ・異文化を脅威に感じる。異文化が自分のアイデンティティやステータスを脅かすように感じる。 ・否定的なステレオタイプに基づき，差別的な言動をとることがある。既得権益や自分のアイデンティティを防御する。
	第3段階 最小化 Minimization	・文化が違っても人はみな同じと考え，友好的に振る舞おうとする。 ・お互いの共通点や普遍的なことを見つけようとする。 ・見えない違いに対する感受性は低く，重要なことと考えない。

	第4段階 受　容 Acceptance	・異文化に対して，特に，見えない部分の違いに興味と好奇心をもち，知ろうとする。多様な文化的背景を持った人と出会いたい。 ・文化の概念についてより複雑で多面的な理解ができ，自分自身も文化の影響を受けた存在であることを認識している。 ・多様性に対して肯定的な姿勢を持つ。
↓ 文化的 相対主義	第5段階 適　応 Adaptation	・異文化の人たちと働くために効果的な行動を知りたいと思い，そのためのスキルや能力を身につけようとする。多文化／異文化環境において社会貢献できるよう，成長のための努力をする。 ・異文化環境においても自分らしく適切に振る舞うことができ，他人の異文化適応を助けようとする。 ・世界は解釈の仕方で異なり，見る人によって多様な現実が存在することを理解する。 ・ある文化的グループが社会においてどのような権力関係の中にあるか，また，文化間にはどのような権力関係があるかを考えることが出来，社会変革に携わろうとする。機会均等を目指す。

出所）Hammer, 2012

部分を含めての差異に注目しなければならない。つまり，段階によって，異文化と自文化の関係のどの部分に注目するのかという点において，次の段階への移行の援助になる場合もあれば，逆効果になる可能性があるということである。

　このことは，多文化間共修における教授法，とりわけ文化間の差異と共通点の扱いを考える上で，効果を左右する重要な要因であるといえる。教室内の学生全員が同じ段階にあるということはほぼありえないとはいえ，全体として複数段階が存在するという想定のもと，多様なアプローチを適切に組み合わせるとともに，段階の異なる学生同士の学び合いが促進されるような工夫を考えることができ

る。発達段階が先に進んだ学生の姿は，他の学生のロールモデルともなりうる。

3. 異文化接触経験を学びにつなげる

　実際の多文化間共修の多様な実践例を見ると，その教室（または学びの空間）においては，いわゆる講義のみではなく，学習者間での議論や共同作業を通じた学びが前提となっている。教員はそのプロセスを教育的に意義あるものとするため，恣意的に制度を設計し，学習者に伝わる形で運用しており，このことは，異文化間能力育成の方法論が経験学習の循環過程理論を基盤としていること（Paige & Martin 1996）と呼応している。また，異文化接触をどのような形で経験させ，どのような気づきを促すのか。そういった刺激を学習者の学びと結びつけるためには，どのような環境の工夫ができるのか。これらの問いを念頭に，以下3つの理論枠組みについて論じたい。

◆　経験学習の循環理論

　経験学習の循環理論では，「実際の経験」「振り返り・観察」「概念的理解」「アイデアの試行」の4段階を循環することで，学習者が経験からの学びを深めることができると説明している（Kolb 1984）。言い換えれば，多文化環境に身を置き，何らかの経験をしたとしても，それに対する振り返り・考察を行わなければ，学びに繋がらないということである。逆に，学習者自身が経験学習の循環過程をめぐるスキルを一旦身につければ，どのような経験をも学びや成長に転換できるということであり，多文化環境において学び続

けることのできる「自立した学習者（heuristic learner）」となることができる（Mestenhauser, 1981）。

　経験学習の循環理論を基盤とした教授法の一つに，ICW（Intercultural Communication Workshop）がある（Hoopes, 1975；Kondo, 1993）。これは異文化間コミュニケーション・トレーニングの方法論の一つであり，多文化間共修の方法論としても応用できる。ICW では，文化的背景の異なる学生が小グループを組み，異文化理解やコミュニケーションのメカニズムに関する理論学習を行った後，実際にグループ・ディスカッションを行い，その経験をメタレベルから振り返り，気づきを共有するというプロセスで一つのセッションが構成されており，それを一学期間かけて繰り返す。ディスカッションにおいては，ファシリテータ役が話し合いの流れに注目しながら，参加者がギャップや戸惑いを感じたと思われる点をその場で取り上げ，話し合いを促す。つまり，実際のコミュニケーション経験の振り返り，客観的な分析，概念化を促し，次に同じような状況に陥った際にはどのようなコミュニケーション方法が有効かを考えさせる。したがって，この形式の授業においては，学生が異文化に対する知識を獲得しつつ，「とっかかりとなる違和感体験」に気づく力，そして，その体験の振り返りから次の試行にいたる経験学習の循環プロセスを自分で進む力の習得が鍵となる。

◆ 社会接触仮説

　別の視点から，異文化交流を通して学びを最大化し，個人間・異文化間の相互理解や偏見の解消を促す環境条件を考えるために，オ

ルポート（Allport, 1979）による社会接触仮説の4条件を，授業の文脈と絡めて紹介したい。

① メンバーが目的意識を共有していること：教室での「目的意識」には，そこで展開される各種の活動（講義，ディスカッション，プロジェクト，アクティビティ，発表など）に関する狙いや目的といった明確にしやすいものもあれば，なぜこの授業を履修しているのか（多文化間共修に興味があるから，興味はないけど必修単位だから，友だちが取っているからなんとなく，海外留学に興味があるから，など）といった表には出にくいが学生の動機付けに大きく影響する目的意識も考えられる。教員として，学生に共通の目的意識を持たせるための手法としては，シラバスで授業内容や目的を詳細かつ具体的に記述するとともに，学生に対してその趣旨の理解を促すことや，その理解の上でどのような目的を立てるかということを授業の初期に話し合わせる方法が，一例として考えられる。

② メンバー間での協力が前提となっていること：教室内のコミュニケーションのモードが，競争ではなく協力にあるということを明確なメッセージとして学生に繰り返し，さらには，協力して学ぶのはどういうことなのかを具体的なスキルとして伝える必要がある。筆者の経験では，とりわけ，初等中等教育段階において個人の競争（受験勉強など）を常に意識してきた学生にとって，隣の学生と共に学ぶ，協力して学ぶということは，頭では理解できても，どう行動してよいのかわからない場合が多い。とりわけ，一つの正解を求める学習姿勢から脱却し，多面的な議論のためには多様な視点が必要である事，そのためにメンバー間の協力が必

要である事に気づくのは容易ではない。このプロセスは，グルー
プ間の競争原理は残しつつ，小グループ内での協力を経験させる
ことで，徐々に体得できる場合もある。また，この方針について
は，成績評価の方法と首尾一貫している必要がある。

③ メンバーの立場が平等であること：教室内では，さまざまな要
因で学生間の立場のバランスが変わり，特定の学生が優位な立場
に置かれる。多文化間共修環境でいえば，言語（英語を教授言語
とする教室では，英語母語話者が優位になる），人数（日本の学生30
人に対し，外国人留学生が3人の場合，日本の学生に優位になる），
知識や経験の量（話し合うトピックについての専門知識や実際の経
験がある学生ほど優位になる）などがその要因として考えられる。
実際にあらゆる面において平等性を担保することはほぼ不可能だ
が，その場を仕切る教員としてこういった側面に注意を払うこと
は意義があるだろう。

④ 制度的なサポート（ルール等）が保証されていること：教室内で
何が起こっても，ここは安全安心な学びの場であるということを，
さまざまな手段を用いて制度的に保証する。たとえば，教室内で
のルール（遅刻や欠席に対する考え方，言語仕様について，成績評価
のあり方について，など）をシラバスで明示しておく他，学期の
初期に学生間のコミュニケーションに関して，基盤となるルール
（相手の話を最後まで聞く，わからない時は意思表示をする，質問を
歓迎する，発言していない人が発言できるよう促す，など）を学生の
話し合いで決めておくという方法もある。また，教員やティーチ
ング・アシスタントの発言として，この教室はどんな間違いをす

るにも，恥ずかしい失敗をするにも，世界でいちばん安全な場所であり，全て学びのために意味があるということ，また，お互いに積極的に学ぶ姿勢を大事にして，一生懸命やろうとしている人の邪魔をしないことなどを再三伝えることも効果的である。

多文化間共修環境において，これら4つの条件がすべて揃うこと，とりわけ参加者が極めて平等な立場に立つということは稀であるが，立命館大学文学部で2011年度より実施しているキャンパス・アジア・プログラム（以下CAP）は，その稀な例の一つである（立命館大学文学部キャンパスアジア・プログラム, 2016）。立命館大学文学部のCAPでは，日本・中国・韓国の学生が10名ずつ集まり，同じコミュニティの中で2年間にわたって3カ国を渡り歩きながら，東アジアに関する人文学および3言語（日本語・中国語・韓国語）を共に学びながら過ごした。2年間という長期間にわたり，共同生活を行い，3カ国を回るという環境設定の中では，人数・言語学習・ホスト―ゲスト関係といったあらゆる面で，参加者間の平等性が確立されている。結果，CAP参加者は，非常に高い異文化間能力の発達度を示した。

◆ 異文化接触刺激の強度設定

異文化との直接的な接触体験を媒介とする学びにおいては，学習者の状況や特徴に応じて，適切な学びが起こりうる「刺激の強度」を査定する必要がある。異文化接触の刺激が過度に強ければ，拒絶や偏見の強化につながり得るし，弱すぎると，当然ながら，新たな

気づきや発見は得られない。教授法によっては，講義・読み物・動画鑑賞を通した概念理解のように比較的受身ですむものもあれば，体験学習型，つまりシミュレーションやロールプレイ，上記 ICW のように，自分自身の考え・感受性・行動が学びのプロセスの中で一つひとつ問われ続けるような，高いレベルの能動性を要求されるものまで考えられる。リスクという意味では，前者は低く，後者は高い（同時に，学びのインパクトも同様に，前者は弱く，後者は強い）。つまり，後者に近いものほど教員自身のスキルが問われると同時に，学習者がその刺激を受け止め学びに転換できる段階にあることの確認も必要となる。

　多文化間共修授業における異文化学習の強度を左右する要素を考える上で，ペイジ（Paige, 1993）のリストが参考になる。このリストでは，異文化体験の心理的インパクト（または心理的負荷や緊張感と言い換えることもできる）を左右する 14 項目がまとめられているが，日本の大学の文脈に当てはめてまとめなおすと，以下のことがいえる。

・文化の違いとその捉え方：自分と相手文化（価値観，信条，態度，行動，考え方，学び方，コミュニケーションスタイルなど）の差が大きいほど，心理的な緊張感も増す。一方，その違いを否定的に捉えるほど緊張感は高まるが，違いを前向きに捉える場合はそうではない。同様に，自分自身または相手に自文化中心主義的姿勢がある場合にも負荷が大きくなる。
・言語使用：その場で必要とされる言語がうまく使えない場合，またその言語を使う必要性が高いほど，心理的負荷が増す。

・他の受講生との関係：グループ・プロジェクトなどで他のメンバーと深く関わらなければならない場合に心理的負荷が増す。また，自分が少数派である場合や文化的に孤立している場合にも心理的負担が増す。また，外見に対して注目を浴びたり，ステレオタイプに基づいた言動をされる場合，逆に自分の文化的アイデンティティが見た目に分かりにくく，自分のステイタスが適切に認識されてないと感じる場合，心理的負荷が増す。

・過去の異文化体験：異文化接触体験が初めての場合に心理的負担を感じやすい。

　心理的負荷は，学びの現場においては一定程度必要であるが，それは学習者に適したレベルに設定される必要がある。つまり，授業やプログラムの計画においては，学習者の経験値や言語運用能力，学習に対する期待等と異文化接触刺激のバランスをとること，また学期の初めから終わりにかけての刺激強度のコントロールを行うことは，多文化間共修環境を設定する上で不可欠の要素となる。

4. 多文化間共修環境における言語使用

　最後に，多文化間共修実践状況における言語使用について述べておきたい。日本の大学における多文化間共修の実践においては，教授言語を日本語とする場合，英語とする場合のほか，両言語を柔軟に使用したり，その他言語も含めた多言語を使用するといったいくつかのパターンがある。日本の大学においては，近年英語を教授言語とする科目提供機会が増加しているが，それは文化的背景の多様

な学生が共に学ぶ格好の機会ともなっている。

　多文化間共修環境においては，全員またはいずれかの学生が，非母語の言語を使用することとなるが，そのこと自体もまた学びのリソースと捉えることができる。英語を教授言語とする授業においては，学生間の英語運用能力の差によって教員が教えにくさを感じることが多々報告されいてるが，多文化間共修環境＝多言語環境においては，言語の壁を学びのリソースとし，受講生自身に「共通言語の使い方をどのように捉えるべきか」「言語の壁を乗り越えるにはどのような工夫ができるか」といったメタレベルの課題を問い続けることを学習目標の一つとすることが出来る。

　その際に，言語使用の考え方の参考となるのは，欧州評議会がその言語政策の中で採択した複言語主義である。複言語主義では，言語学習の過程において，コミュニケーションの文脈となる文化背景や相手の文化的アイデンティティの理解にも意識を向け，多様なスキルを駆使して意思疎通を行う能力を育成することを促進している[5]。したがって，文法や発音などの正確性を問う言語学習とは異なり，各自の持ちうるコミュニケーション能力（言語・非言語）を総動員して意思疎通を行い，総合理解を深めることに主眼がある。

　筆者が担当する異文化交流科目群の一つでは，日本語と英語の両語使用を前提とし，敢えて言語基準を設けずに授業運営を行っている。受講生の中で日英両語を一定のレベルで運用できる学生は少数であり，日本語初級レベルの留学生や英語中級レベルの日本の学生が多数を占める。先に述べた ICW の方式を応用して，毎週小グループでのディスカッションを繰り返し，その過程を振り返りつつ，

コミュニケーションの工夫を重ねていく中で，単言語で行う授業とは異なる気づきが学生から発せられるようになった。主に以下の3点である。

　1点目は，レベルは異なっていても，すべての履修生が外国語学習者であり，同じプロセスを歩んでいるという共感性とそこからうまれる協力姿勢である。英語を教授言語とする授業では，英語母語話者と学習者の間に自ずと英語運用能力による差が現れ，それが学生間の優劣意識につながることもある。しかし，（日英に限られるとはいえ）主言語を定めない環境においては，それが生まれない。お互いを対等な外国語学習者として認識することによって，誰もが向上中であること，そして言語上の間違いを気にせず，話の本質に注意を向けることが自ずとできるようになっている。

　2点目は，複言語環境においてモデルとなる学生は，日英両語をある程度話せ，かつ，その場その場のコミュニケーションに対して細やかな気配りのできる学生ということである。このことは，英語のみを教授言語とする環境で英語母語話者が抜きんでてしまう状況とは対照的である。多言語環境では，日英両語を教授言語とする環境において，うまく意見が表現できない学生の通訳支援をしたり，その時々のメンバーをよく観察し，全員が関われる言語環境を作り出したり，参加を促すためのファシリテーションを進んで行ったり，といった働きをする学生が自然と現れた。本人いわく，最初は戸惑いもあったものの，言語がわかるゆえの責任感からこのようなリーダーシップ行動をとるに至ったという。言語と文化の壁を越えるための工夫，またその行為を率先して行うことが，単言語環境よりも

促進される。言語文化の壁を越える工夫と気配りができる学生の姿をロールモデルとして示すことは，グローバル社会におけるコミュニケーションのあり方を考える上での非常に重要なメッセージともなる。

　3 点目は，多言語環境において，母語を工夫してわかりやすく話すことの重要性に対する気づきが生まれたことである。日本語にしても英語にしても，母語として無意識に話す言葉は，その学習者である相手には伝わりにくいということに気づいた学生は，母語をわかりやすく工夫して話し始める。母語を調整して話す力は，共生日本語・共生英語とも呼ばれ，グローバル社会において必要な調整能力であると考えられる。

第 3 節　課題と展望

　本章を締めくくるにあたって，多文化間共修の今後の課題に関し，筆者の展望と希望も交えながら以下の 3 点について述べたい。

　1 点目の課題は，多文化間共修環境における「文化的多様性」の捉え方をさらに柔軟かつ広がりをもたせ，人の文化的アイデンティティのもつ複雑さへ気づきを高めることである。学生の反応として，「多文化」とは国籍の多様性であると直結して考える傾向があるようだが，実際，国籍であるとか，留学生であるといったことは，文化的多様性のほんの一角でしかない。先に述べた通り，文化的多様性は，人種・年代・出身地・性別・ジェンダー・性的志向性・社会階級・民族・言語・職業・趣味・過去の経験などといったより複雑

な要素が混ざって形成されるものである。国籍の多様性に過度な注目が集まることによって，その他の要素への気づきが失われてしまえば，人間の多様性を逆に簡素化して捉えてしまう恐れもある。多文化間共修の発展の先には，多文化環境における個性の発揮と尊重が主眼となるような取り組みを想定したい。

　2点目の課題は，多文化間共修の意義と魅力を，大学教育に関わるあらゆるステイクホルダーに伝えていくことである。多文化間共修の学びには，海外留学の魅力や価値と同様，経験した人にしかわかりえない，言語化しにくい側面が含まれる。多文化間共修をより汎用性の高い取り組みとしていくためには，その学びの質を，簡素化することなく適切に伝えていく方法を工夫しなければならない。これは，筆者のような立場で考えるよりも，学習者当人から何らかの情報発信をしてもらう方が有効であるかもしれない。一方，関係教職員等が多文化間共修のエッセンスを擬似的に体験できる機会を創出することも必要であろう。

　3点目の課題は，2点目にも関連するが，多文化間共修を企画・運営する教職員自身が自らの異文化間能力を高めるための研修機会の創出である。教室内の文化的多様性を教育の資源として活用できるかどうかは，教員，またはその場を構成する人びと自身の文化に対する感受性に依存するところが大きい。つまり，教員の異文化間能力や感受性の限界が，その教室で学生が学び得ることの限界となってしまう可能性がある。学生よりもずっと長く社会経験を積んできた私たち教職員にとって，自らの文化的枠組みをあらためて批判的に検証し，新たな考え方を学び続けることは容易ではなく，痛み

を伴う可能性も十分にある。しかしそのプロセスを前向きに楽しめてこそ，多文化環境で学ぶ人としてのロールモデルとなりうるのである。

【注】

1)　本書の「はじめに」で定義した通り，本書では，「多文化間共修」を，「文化的背景が多様な学生によって構成される学びのコミュニティ（正課活動及び正課外活動）において，その文化的多様性を学習リソースとして捉え，メンバーが相互交流を通して学び合う仕組み」とする。

2)　http://ec.europa.eu/education/tools/llp_en.htm（2016 年 9 月 20 日閲覧）

3)　http://www.eaie.org/home/about-EAIE/expert-communities/overview/iah.html（2016 年 9 月 20 日閲覧）

4)　IDI（Intercultural Development Inventory）の公式トレーナーである Akiko Meaker 氏の指摘による。

5)　http://www.coe.int/t/dg4/linguistic/Division_EN.asp.（2016 年 9 月 20 日閲覧）

【参考文献】

立命館大学文学部キャンパスアジア・プログラム（2016）「キャンパスアジア・プログラム　リーダーズフォーラム」日中韓留学と成長研究会発行.

Allport, G. W.（1979）*The Nature of Prejudice. 25th Anniversary Edition*, Boston, Mass: Addison-Wesley Publishing Company.

Althen, G.（1981）*Learning Across Cultures*, Washington DC: NAFSA.

Bennett, M.J.（1993）Towards Ethnorelativism: A Developmental Model of Intercultural Sensitivity. In R.M. Paige（Ed.）, *Education for the Intercultural Experiences*, Yarmouth, ME: Intercultural Press.

BRIDGE Institute（2014）「国際教育の理論と実践を学ぶワークショップ」配布資料.

Crowther, P., M. Joris, M. Otten, B. Nilsson, H. Teekens & B. Wächter（2000）*Internationalisation at Home: A Position Paper*, European Association for International Education.

De Wit, H, F. Hunter, L. Howard & E. Egron-Polak（Eds.）（2015）*Internationalisation of Higher Education*, Brussels: European Parliament.

Hall, E.T. (1979) *Beyond Culture*, Anchor.

Hammer, M. (2012) The Intercultural Development Inventory: A new frontier in assessment and development of intercultural competence, In M. Vande Berg, R.M. Paige, & K.H. Lou (Eds.), *Student Learning Abroad*, Sterling, VA: Stylus Publishing.

Hofstede, G., Hofstede, G.J. & Minkov, M. (2010) *Cultures and Organizations: Software of the Mind: Intercultural Cooperation and its Importance for Survival (3rd Ed.)*, New York: McGraw-Hill.

Hoopes, D.S. (Ed.) (1975) The Intercultural Communication Workshop. Pittsburgh, PA: University of Pittsburgh.

Horie, M. (2000) Intercultural Education for Development through Intercultural Experience: Theories for practice. *The Bulletin of the Center for International Education*, Nanzan University, 1.

Horie, M. (2003) *International Students and Internationalization of Higher Education in Japan: Interpretive Study with Policy Makers and International Educators*, Doctoral dissertation submitted to the University of Minnesota.

Kluckhohn, C. (1962) *Culture and Behavior*. NewYork: The Free Press of Glencoe.

Kolb, D. (1984) *Experiential Learning: Experience as the source of learning and development*, Englewood Cliffs, NJ: Prentice-Hall.

Kondo, Y. (1993) *Validating the Intercultural Communication Training Methods on Japanese: Intercultural Communication Workshop*. Doctoral dissertation submitted to the University of Minnesota.

Mestenhauser, J.A. (1976) *Learning with foreign students*. Minneapolis, MN: North Central Publishing Company.

Mestenhauser, J.A. (1981) Selected learning concepts and theories, In G. Althen (Ed.), *Learning Across Cultures*, Washington DC: NAFSA.

Mestenhauser, J.A. (2001) The utilization of foreign students in internationalization of universities, In S. T. Bond and C. Bowry (Eds.), *Connections and complexities: The internationalization of higher education in Canada, Occasional papers in higher education*, Number 11, Kingston, Ontario: Queen's University.

Paige, R.M. (1993) On the nature of intercultural experiences and intercultural education, In R.M. Paige, (Ed.), *Education for Intercultural Experience*. Yarmouth, ME: Intercultural Press.

Paige, R.M. & J.N. Martin. (1996) Ethics in Intercultural Training. In D. Landis & R.S. Bhagat (Eds.), *Handbook of intercultural training* (2nd ed.), Thousand Oak, CA: Sage Publications.

Pusch, M.D. (1994) Cross-cultural training. In G. Althen (Ed.), *Learning Across Cultures* (Rev. ed.), Washington, DC: NAFSA.

Ruben, B.D. (1989) The study of cross-cultural competence: Traditions and contemporary issues, *International Journal of Intercultural Relations*, 13, 229-240.

第2章

Finding Common Ground プロジェクト：
オーストラリアの大学における多文化間共修の理論枠組み

　本章では，オーストラリアの大学における学生の多文化背景を活用した共修の取り組みを扱う。オーストラリアが多文化国家としてその明確な政策方針を示したのは，1970年代後半以降である（杉本，2003；青木，2014）。その多文化社会を支える人材の育成のために，高等教育はどのような努力が可能であるかという問いに対し，オーストラリアの大学ではこれまでにさまざまな模索が展開されてきた。そうした各大学の取り組みを実践・理論両面から掘り下げることが，2008年から2010年にかけて実施された研究プロジェクト「Finding Common Ground」の狙いであった（Arkoudis et al., 2010；Arkoudis et al., 2013）。文化的多様性に富むバックグラウンドをもつ大学生を擁するキャンパス環境を教育リソースとして捉え，そのリソースを学習実践において生かすことを目指す本プロジェクトの研究成果は，日本の多くの大学教育において今まさに展開がいちじるしい多文化間共修の実践に対し，多くの示唆を与えるものである。

　第1節では，オーストラリアの大学に多文化性をもたらした2つの国家政策，多文化主義移民政策と留学生政策について概観する。「Finding Common Ground」プロジェクト実施の背景として，オーストラリアの社会および大学の多文化的様相を理解することが，こ

こでの目的となる。第2節は，オーストラリア・ヴィクトリア州の
3大学で調査・研究された「Finding Common Ground」プロジェ
クトの研究結果から得られた，多文化背景からなる学生間の交流を
教育リソースとして用いた教育実践に関する理論枠組みを紹介する。
また，研究プロジェクトのインタビュー調査から得られた多文化間
共修における教員・学生両者から見た利点・課題についても，併せ
て詳述する。

第1節 「Finding Common Ground」プロジェクトの背景：オーストラリアの大学の国際教育環境

1. オーストラリアにおける多文化主義移民政策と留学生政策

1.1 多文化主義移民政策

　多文化社会として知られるオーストラリアの現在の様相が国家意
思により形成され始めたのは，1970年代である。それ以前，1850
年代の金鉱発見に伴う主に中国からの移住者急増への反発と，19
世紀の同質的国民文化を求めるナショナリズムから，1901年に制
度化された白豪主義（White Australia Policy）は，2つの世界大戦を
はさんで1960年代まで続いた。戦後まもなく1947年から実施され
た大量移民計画の当初は，この白豪主義の影響が色濃く反映されて
いた。大量移民計画は，外交上は難民庇護の人道主義的側面を強調
したが，国内事情として深刻であった低出生率による少子化への対
応として，国防強化と労働力調達の目的も同時に有していた
（Zubrzycki, 1995；杉本, 2003）。この移民計画では，年率2%の人口
増加を掲げる政府目標のうち1%，およそ7万人を移民の導入でカ

バーすることが求められた。この数値目標は，従来からの優遇措置により圧倒的多数であった英国やアイルランドからの移民に頼るだけでは達成不可能であった。そのため，政府は当初，ヨーロッパ難民や北西ヨーロッパからの移住者など，当時のオーストラリア社会に比較的馴染みやすい文化を共有する国の出身者にも，移民の枠を拡大した。しかし1950年代に入ると，難民の減少やヨーロッパの経済好調などからそれら供給元国からの移民流入が鈍化してきたため，イタリア，ギリシャなどの南欧，そして東欧諸国も，移民対象国として追加することとなった。その後はさらに対象国が拡大し，ヨーロッパ地域出身者のみならず，中近東諸国，そして1970年代には東・東南アジアからの移民やインドシナ難民も移住可能となった。移民の量的拡大とその質的多様化の中で，従来保持してきた白豪主義の意義は薄れるのみならず，むしろ国家の社会・経済的成長への障害となる可能性が大きくなったことから，オーストラリアは1973年に白豪主義を撤廃，多文化主義を導入し，アジア太平洋国家としての歩みを固めてゆく。

　このように，白豪主義から多文化主義への転換を図り，オーストラリア社会全体において多文化化が進んだのには，戦後からの政治・経済的理由による移民政策の変遷が深く関連している。結果，オーストラリア社会は，この60年間で人種，文化，言語，宗教，慣習において幅広い多様化が進んだ。とりわけ，1970年代から存在感を増しつつあったアジア系人口は，1980年代には全人口の4.5％を構成し（杉本, 2003），2011年の国勢調査では自らを中国，インドの出自であるとする人口だけでも全体の4.3％および2.0％を占めてい

る（ABS, 2012）。2014年時点では，移住者数自体が1800年代後半の金鉱ブーム以来120年間で最多となったことに加え，その急増をけん引している中国とインドからの移民は，過去10年間でそれぞれ2倍以上のいちじるしい増加を示している[1]（ABS, 2015）。

このような多文化の社会的素地が学校教育に与える影響は明らかである。初等教育から高等教育までの諸段階の教育機関の教育政策とその実践においては，多文化社会に生きることを理解し，異文化を尊重し，文化的に異なる背景をもつ人びとと共存していくという国家方針が浸透している。実際，小学校から大学までのどの教育段階でも，異文化背景をもつクラスメイトが多数存在することが学校風景として普遍的であり，他国から来た生徒・学生を迎え入れる制度的体制や心理的姿勢が，学校側も国内の生徒・学生個々人においてもかなりの程度準備されている。こうした社会的素地が，この数十年間，多文化社会を制度化し実践してきたオーストラリアにおける教育環境の大きな特徴の一つとなっている。

1.2 留学生政策の変遷

上述した多文化主義の移民政策は，オーストラリア社会の文化的多様性を高め，教育環境における多文化への気づき・理解と統合を進める態勢を整えてきた。一方，高等教育段階での留学生政策はどのような理由から，どのような経緯を経て展開してきたのだろうか。

オーストラリアの留学生政策は，1951年開始のコロンボ計画（The Colombo Plan for Cooperative Economic and Social Development in Asia and the Pacific）から本格化した。コロンボ計画は，英連邦諸

国が中心となり南アジアおよび東南アジア諸国の経済・社会援助を目的として設立された発展途上国援助スキームである。オーストラリアは，このコロンボ計画の枠組み構築において主導的立場を取り，実践面では対象地域からの国際学生[2]に対する奨学金付与により，大学をはじめとする教育機関への受け入れを 1960 年代から 1970 年代にかけて積極的に進めた（橋本, 2001；Oakman, 2010）。また，オーストラリアの大学で国際学生に対する授業料徴収が廃止されたのもこの時期である。高等教育への進学率向上を狙い，1973 年には国内学生の授業料撤廃が実施されていたが，その翌年の 1974 年には，それが私費留学の国際学生にも適用されることとなった（橋本, 2001）。コロンボ計画への参画による学生の積極的な受け入れを通したアジア諸国との関係構築，および高等教育機関の授業料撤廃により，主にアジア地域出身の国際学生がオーストラリアの大学に増加していった。

　その後，1980 年代からオーストラリアの留学生政策は質的に異なる方向へと舵を切る。de Wit（1997）は，オーストラリアの留学生政策の変遷を次の 3 つのフェーズに整理している。すなわち，1960 年代から 1970 年代の「教育的支援」（educational aid），1980 年代から 1990 年代の「教育の輸出」（educational trade），そして現在の「幅広い国際化政策」（broad internationalization policy）である（de Wit, 1997：23）。橋本（2001）は de Wit の分類を深化させ，それぞれの時期における留学生政策を主に「政治的動機」，「経済的動機」そして「文化的動機」から展開されたものと分析した。実際，先に述べたコロンボ計画への参画および国内学生に準ずる国際学生の授業料撤

廃などの措置には，冷戦下における地理的に近いアジア諸国との良好な関係構築に資する政治的意図があるが（Back, Davis and Olsen, 1997），その後の 1979 年の国際学生への授業料一部負担の開始，そして 1985 年からの私費国際学生の授業料 100％負担などは，経済的動機による留学生政策にほかならない。そして，1990 年代にはオーストラリアの国内学生や大学研究者の国際的な場での教育学習研究活動の向上，オーストラリアの大学の国際的プレゼンスの促進などが政策文書に謳われはじめた。この頃には UMAP（University Mobility in Asia and the Pacific）や大学間学術交流協定などの枠組みを通した交換留学制度の開発による国内学生や研究者の国際的流動性の促進，国内大学のカリキュラムの国際化による大学教育の国際水準での質的向上といった取り組みを通して，国際教育に対してより広範で文化的な意義を認める動きが加わった。しかし，1980 年代から続く経済的動機は，文化的動機と併存し，依然として強い。広く知られているように，国際教育サービスはオーストラリアの輸出品目トップ 5 に入り続けており，オーストラリア国家の経済的繁栄に貢献し，なおかつ多くの大学においても国際学生からの授業料収入が大学全体の収入における主要な収入源の一つとなっている[3]（Group of Eight Australia 2014）。こうした国際教育による外貨収入を，国内学生の国際性涵養に資する教育開発に充てることで，大学国際化の文化的意義を推進するという形により，経済的動機と文化的動機を相互関連させながら国際教育を発展させているというのが，現代オーストラリアの留学生政策の特徴といえる。

　オーストラリア貿易促進庁が 2015 年 3 月に発表した，国際教育

の長期的発展のための戦略プラン「オーストラリアの国際教育 2025」（Australian International Education 2025）は，これまでの経済 的動機による留学生政策をさらに戦略的に進める方針を明らかにし た。このプランでは，国際教育の概念をオーストラリアおよび国際 マーケットの現状から見直し，それらに適合する形で再構築するよ う提唱している。具体的な課題としては次の 2 点，「オーストラリ アは持続的な方法で国際学生や学習・訓練のための訪問者を倍増さ せることができるか」，「オーストラリアは自ら開発したコース（こ れには対面，blended learning またはデジタル・プラットフォームの形 式を含む）で学び訓練を受ける海外の人びとを持続的に増加させる ことができるか」を掲げ，オンショアおよびオフショアプログラム の見直し・強化を図ることを目指している（Australian Trade Commission, 2015）。政府，大学，そして関連プライベート・セクター 3 者間の緊密な連携により，産業としての国際教育をさらに追求する 姿勢（Adams, 2007）は，今後もしばらく続くようである。

　オーストラリアにおける国際学生数は 2010 年から 2012 年にかけ て減少を見たものの[4]，2013 年からは再び増加に転じ，2014 年時点 の高等教育機関に在籍する国際学生数は 249,990 名となった（Department of Education and Training, 2014a）。OECD の 2012 年調査では， アメリカ（16%），イギリス（13%）に次ぎ，オーストラリアはドイ ツ，フランスと並んで世界中に流動する学生の 6%を抱える，国際 学生受け入れ大国となっている（OECD, 2014）。

2. 多文化主義政策および留学生政策の大学教育環境への影響

2.1　大学における学生の多様化と教育現場の対応

　2015 年現在，オーストラリアには 39 校の大学があり，そのうち国立は 37 校，私立は 2 校である。これらの大学における国際学生の比率は，全般的に高い。2010 年の統計によれば，オーストラリアの大学に在籍する学生数は 1,0468,000 名であり，そのうちの 233,100 名が国際学生，すなわち国全体での大学における国際学生比率は 22.3％である（ABS, 2011）。日本の大学生全体に対する国際学生数の割合が 4％（OECD, 2014）であることからも，これは非常に高い数値といえる。もっとも，どの程度の国際学生数を擁するかは均質的でなく，大学によって異なる。たとえばバララット大学（ヴィクトリア州）では約半数（48％）の国際学生がキャンパスを占めている一方，ニューイングランド大学（ニュー・サウス・ウェールズ州）の国際学生比率は 6.7％である（ABS, 2011）。表 2-1 に示す通り，オーストラリア国内で最多の国際学生を抱える 5 大学は順にモナシュ大学（ヴィクトリア州），ニュー・サウス・ウェールズ大学（ニュー・

表 2-1　国際学生数の多いオーストラリアの大学

	国際学生数 （千人）	国内学生数 （千人）	合計 （千人）	国際学生比率 （％）
モナシュ大学	13.4	40.3	53.6	24.9
ニュー・サウス・ ウェールズ大学	13.2	36.3	49.5	26.7
マッコーリー大学	12.2	24.1	36.4	33.6
メルボルン大学	12.0	33.4	45.4	26.4
グリフィス大学	11.0	30.8	41.8	26.2

出所）ABS（2011）

サウス・ウェールズ州），マッコーリー大学（ニュー・サウス・ウェールズ州），メルボルン大学（ヴィクトリア州），グリフィス大学（クイーンズランド州）といった，比較的大規模な大学であり，これらの大学はいずれも 25％以上の国際学生比率を示している。

　国際学生の急増と，1970 年代からの移民政策における多文化主義の導入による国内学生の多文化化によって，オーストラリアの多くの大学には実に多様性に富む学生が存在することとなった。このことは，オーストラリアの大学環境において，そもそも国内学生と国際学生という 2 つのグループで大学生像を捉えること自体をむずかしくしている。国内学生と呼ばれる者の中には，言語的には単一言語（英語），二言語，あるいは多言語を操る学生が含まれる。これらの学生は文化的に多様であり得るし，またアボリジナル（Aboriginal）およびトレス海峡島嶼民（Torres Strait Islander）などオーストラリア先住民の背景を持つ者なども含まれる（Arkoudis, 2010）。国際学生のカテゴリーに属する学生の中にも，大学入学のために初めて自国を出てオーストラリアに入国した者もいれば，大学入学前から多様な国での生活・学習経験がある者もいる。国際学生がもたらす外貨が重要な鍵となる国家政策の観点からは，国内学生と国際学生の区別は必須であるかもしれないが，大学教育の現場では，この 2 つのグループの境界は曖昧になりつつある。むしろ教育現場において重要なのは，国内学生と国際学生どちらのグループに属する学生であっても，彼らの言語・文化背景は実に多様であるという前提を教育者と学習者が共に認識することである。

　このように，学生の多文化化が進んでいるオーストラリアの大学

では，その多くが国内学生と国際学生をどう統合し，すべての学生の学習達成度を高め合うことができるかという大きな課題に直面している（青木, 2014）。このため，大学教育現場では特に2000年以降，キャンパスの多文化環境を生かした大学教育の在り方について，本格的な模索が始まった。そこには，国内学生の国際性への感度をいかに高めるかということと，国際学生をいかにオーストラリアの大学の教育学習環境に適応させるかという，2方向の狙いがある。

2.2　国際教育に関する2方向の取り組み

　近年の大学教育国際化の取り組みには2つのアプローチがあることが，Knight（2012）により整理されている。すなわち，学生，教員，研究者，プログラム等が国を超えて教育学習研究活動を行う，または提供する「国境を超える教育」（cross-border education）と，国内大学のキャンパスを基盤として教育，研究の国際化を図る「キャンパスの国際化」（internationalization at home）である（knight, 2012 : 34-37）。オーストラリアにおいても，これら2つのグループに内包される諸活動が相互関連しながら展開している。国際学生の大学教育サービスへの誘致に比べ，オーストラリアの国内学生を海外に出す「国境を超える教育」の取り組みは，政府レベルでも大学レベルでも歴史が浅い（Back, Davis and Olsen, 1997 ; Olsen, 2008）。それは，1991年に開始されたUMAPの開発により本格化し始めた。UMAPは，当時の学長組織である the Australian Vice-Chancellors' Committee[5] が，アジア太平洋地域の高等教育代表者との会合の結果始動した，学生と大学教職員の交換を目的としたスキームである。他

方，それぞれの大学独自の大学間学術交流協定等による学生交換が本格的に開発され始めたのも，同じく 1990 年代からである。このような大学間学術交流協定の下での学生交換は当初，短期交換留学などの単位互換を伴う交換留学を主目的としていたが，最近ではより大きな仕組みとしてダブルディグリープログラム，ジョイントディグリープログラムなども積極的に開発されてきている。Universities Australia の統計によれば，調査を始めた 1990 年には公的な大学間学術協定は全国の大学で 220 件であったが，その後順調な増加をたどり，2014 年時点では 8,515 件，そのうち 56％が交換留学を含む協定であった（Universities Australia, 2014）。特に 2012 年以降は，2003 年以来ずっと最多である北東ヨーロッパ地域の大学の次に，北東アジア地域の大学との協定が増えてきており，これには中国の大学との，主に研究交流を目的とした協定の急増が大きく影響している [6]。

　こうしたさまざまな留学の枠組み [7] が過去 30 年間で政府や各大学の後押しにより展開されてきた背景から，オーストラリアの国内学生の海外経験者数は少しずつ増加している。2013 年の全国大学調査によれば，在籍中に海外学習経験をもつ国内学部生数は，調査参加大学 37 校の学生全体の 14.8％となる 29,487 名であり，これは 2009 年に約 15,000 名であった同調査結果からほぼ倍増したことになる（Department of Education and Training, 2014b）。このような状況の中，政府は学生の国境を超える学習をさらに支える新たな国内学生送り出しスキームを 2014 年より開始した。新コロンボ計画（New Colombo Plan）は，奨学金プログラムと移動性交付金プログラムか

らなる，5 年間 1 億ドル規模の新しい国内学生送り出し計画である。本計画の目的は，オーストラリア社会全体におけるインド太平洋に関する知識を高めることで，アジア太平洋地域に位置するオーストラリアの社会が近隣諸国への造詣を深め，若者の当該地域での就業に資する準備や人的ネットワークの構築を支援することを主な狙いとしている。そのため，送り出し対象をインド太平洋の 38 カ国・地域の高等教育機関や関連機関に設定し，1 セメスターから 1 年間までの留学や就業インターンシップに参加するオーストラリアの大学学部生を，奨学金や交付金の付与により支援する。交付金は国内大学に付与され，各大学が年間 10 名程度の学部生を選考する。2014 年に 4 カ国・地域で試験的に開始した本計画では，現在の2015 年期までの 2 年間で 109 名の奨学生，4,400 名以上の交付金受給生が対象地域で学んでいる（Department of Education and Training, 2015）。2016 年期はさらに規模を拡大し，5,450 名以上の学生への奨学金や交付金を用意する予定で，これが実現すれば開始から 3 年で約 10,000 名の国内学部学生を本計画により送り出すこととなる（Minister for Foreign Affairs, 2015）。オーストラリアにおける学生の「国境を超える教育」の取り組みは，このように自国学生を海外へ送り，その学習経験により国際性やコミュニケーション能力を涵養し，将来のグローバル社会での就業や社会生活に資することを主目的としている（Daly and Barker, 2005）が，近年はこの目的を保持しつつ，政府方針に沿いアジアとの関係構築のさらなる発展に繋がる仕組みに重点化されているのが特徴である。

　一方，「キャンパスの国際化」（internationalization at home）に関

しオーストラリアの主要な大学で取り組まれ始めているのが，カリキュラムの国際化（internationalization of curriculum）である。カリキュラムの国際化は，Leask（2009）により「国際的，文化間的側面をカリキュラムの内容および教育学習設備，学習プログラムの支援サービスに組み入れること」と定義されている（Leask, 2009：209）。オーストラリアのみならず特に他の英語圏の国々や，日本のように自国内で教育市場と労働市場がある程度完結していた社会に共通する課題として，国内学生の国際経験の乏しさが挙げられている（Knight, 2012）。一方で，世界情勢として，大学生の卒業時資質（graduate attributes）に「グローバル市民」（global citizenship）の要素を盛り込む大学が増えてきている[8]。カリキュラムの国際化は，そうした留学などの国際経験を持たない大多数の学生も視野に入れ，あらゆる学生の国際性への感度を大学在籍中に高めることを目的として，発展しつつある（Leask, 2013）。カリキュラムの国際化は，① 国際的な内容自体が主となるカリキュラムの構築によって学生の国際感覚醸成を目指すもの，② 伝統的あるいは従来型の科目に国際的視点を組み入れ科目修得内容の拡張を目指すもの，そして，③ 授業手法の工夫により学生の国際性スキルの涵養を目指すもの，という3種の類型化が可能であるが，これらがカリキュラムの中および外で，相互に関連し合いながら設計される取り組みである。

　カリキュラムの中外を通して教育学習の中味と環境の国際化を図るカリキュラムの国際化に代表される「キャンパスの国際化」は，国内，国際を問わず学生の学習達成度の向上と国際感覚の醸成，そして大学の国際的プレゼンスを高め，大学のグローバル市場におけ

る競争力を高めることを主要な狙いとしている。「国境を超える教育」の取り組みと比較して，「キャンパスの国際化」は個々の大学による学生や教員への長期的な支援が必要で，数値的成果が見えづらく，教育学習活動向上に対する地道で継続的な努力が必要である。多文化化が進んだオーストラリアの大学教育環境は，この「キャンパスの国際化」の取り組みに関する潜在的利点をすでに多く有している。しかし，ただ国際性に富む物理的環境が整っていることや，国内学生と国際学生を同一授業に参加させる共修授業が表層的に設計されていることのみでは，学生間の交流は生まれず，真の意味での「キャンパスの国際化」は達成し得ない。次節で紹介する「Finding Common Ground」プロジェクトは，オーストラリアの大学で展開されている多文化間共修の実践を探り，多文化背景からなる学生間の交流についての利点と障壁を明らかにし，共修に関する理論枠組みを構築することを目的としている。本プロジェクトは，「キャンパスの国際化」のオーストラリアの大学での実践的深まりを，さまざまな教育理論枠組みから吟味し，それを教育実践に還元する取り組みである。

第 2 節 「Finding Common Ground」プロジェクト[9]

1. プロジェクト実施の背景

第1節で述べた多文化主義移民政策と戦略的留学生政策の影響により，現在オーストラリアの多くの大学では，文化的に実に多様な学生がキャンパスを闊歩している。この学生の文化的多様性という

特徴は，国内学生と国際学生のどちらにとっても，異なる文化や言語的背景をもつ仲間との交流をもたらす大きな可能性を与えている。しかし，単に同じキャンパスやコースを共有したからといって，多様な文化的背景の学生間の交流がひとりでに進むわけではない。そこには教育提供者，すなわち教員からの，授業内外における適切な支援や介入が必要となる。それならば，学生の多様性が秘めている学習可能性をより活用するために，教員はどのような努力が可能であろうか。「Finding Common Ground」プロジェクトはこの問いに応えるべく実施された。

「Finding Common Ground」プロジェクトは，2008 年から 2010 年にかけて the Australian Learning and Teaching Council（ALTC）の支援を受けて実施された調査研究である。このプロジェクトは当初，「国内学生と国際学生間の交流促進」というタイトルが付され，多様な文化・言語的背景からなる学生間の交流から得られる利点や，交流への障壁となる要因を探ることを目的としていた。また，オーストラリアの大学の教育学習環境において，このような学生間交流が成功裏に促進されている実践例を明らかにし，共修を実践する教員の間で共有することも目的であった。同プロジェクトのリサーチ・クエスチョンは，以下の 2 点である。

(1) 学生の多様性がもつ潜在的可能性を活用するために，どのようなことができるか

(2) 大学教育において，多様な文化・言語的背景からなる学生間の相互作用を促進するためにはどのような方法が可能であるか

2. 研究デザイン

　上述の目的およびリサーチ・クエスチョンを探るため，本プロジェクトではオンライン調査とグループ・インタビューの手法を用いてデータ収集を行った。

　オンライン調査の目的は，大学教員は教育・学習環境における国内学生と国際学生間の交流について，その利点と交流への障壁について回答を得，また教授活動において学生間交流を高めるために用いられている手法の実践例を導き出すことであった。

　オーストラリア国内の大学へのオンライン調査協力依頼の結果，10大学から95名の教員の回答を得た。高い回収率ではなかったものの，オーストラリアの大学で教鞭を取るさまざまなグループを代表する回答者が得られた。ほぼ3分の2の回答者が講師（lecturer）か上級講師（senior lecturer）の職にあり，全体のおよそ63％がフルタイムであった。60％が10年以上の教育経験をもち，そのうち26.3％は11年から15年の，33.7％は15年以上の教職経験があった。回答者の大多数（77.5％）が学部コースを担当しており，幅広い学問領域からの回答者を得た。

　グループ・インタビューには，ヴィクトリア州内にキャンパスを有するメルボルン大学，RMIT大学およびヴィクトリア大学の3大学の教員と学生が参加した。

　メルボルン大学は，ヴィクトリア州最古でオーストラリアで2番目に設立された伝統ある大学である。ほとんどのコースがメルボルン市街に近いメインキャンパスで開かれている。約44,000名の学生が在籍し，その中には113カ国からの11,000名の国際学生が含

まれる。この分布はオーストラリアの大学において，1 つのキャンパスに擁する国際学生数としては最大である。国際学生の出身国分布は，25％が中国，18％がマレーシア，12％がシンガポールとなっている。

　RMIT 大学はヴィクトリア州とベトナムに複数キャンパスをもつ，デュアル・セクター（dual sector）機関である。ヴィクトリア州内のいくつかのキャンパスには，54,000 名の学生がおり，そのうち10,000 名が国際学生である。さらに 16,000 名の学生がオフショアプログラムに在籍している。高等教育セクターに限って言えば，メルボルンにある RMIT 大学に在籍する国内学生の文化構成は，非英語圏のバックグラウンドをもつ者が 5％，海外で出生した者が 21％，アボリジニおよびトレス海峡島嶼出身者が 0.3％となっている。RMIT 大学に学ぶ学生は 100 カ国以上から来ており，なかでもアジア諸国はオンショアの国際学生のトップ 10 出身国となっており，中国が 26％，インドとマレーシアがそれぞれ 10％となっている。

　ヴィクトリア大学は高等教育，職業教育および継続（成人）教育（further education）を行う大規模複数セクター機関である。メルボルン市の西側に 8 つのキャンパスがあり，50,000 名以上の学生に幅広い教育プログラムを提供している。また，10,000 名のオフショアプログラム学生も在籍している。メルボルン市内では，ヴィクトリア大学の高等教育プログラム在籍学生の構成は文化・社会的に非常に多様である。全体として 21,000 名の学生が高等教育プログラムに在籍しており，そのうち 23％は社会経済的低位層（low socio-economic status）に属し，多くが出身家族内で初めての高等教育入学者である。

ヴィクトリア大学のメルボルンを基盤とした高等教育の大学生のうち41％は，英語以外に少なくとも一言語以上を話す者と自認しており，その広がりは80言語以上にのぼる。メルボルン市内の学生の14％は国際学生で，70カ国以上からの出身であるが，最大グループは中国，ベトナム，マレーシア，ドイツ，サウジアラビア，そしてスリランカである。

　グループ・インタビューに参加する大学教員の抽出には，学生間交流の目的に即した方法を用いた。まず，各学部の教育および学習担当副学長宛てにEメールを送信し，国内学生と国際学生間の交流を重視した教育実践の開発に携わる教員の選出への支援を依頼した。また，本プロジェクトチームのメンバーが各自の大学内のネットワークを活用し，グループ・インタビューに参加可能な教員の選出にあたった。グループ・インタビューで用いる質問項目は，国際学生と国内学生間の交流を向上させるような教育・学習・評価活動，国際学生と国内学生間の交流によってもたらされる双方の学生にとっての利点，および，双方の学生の交流の学び合い向上への障害などを明らかにする目的で作成された。3大学から各2グループ，計6つの大学教員グループの集団インタビューが行われ，合計で40名の，8つの幅広い学問領域に属する大学教員がインタビューに参加した。

　学生インタビューについても，同様の3大学で実施された。対象者はさまざまな学問領域を専攻する学部生，大学院生で，国際学生および国内学生の両方を含む。インタビューに参加した教員に，インタビューに参加可能な学生の選出への協力を依頼した。自分の経

験について自由に話せるよう，国際学生と国内学生には別々にインタビューを行った。学生は，授業内でどの程度，国内学生または国際学生と交流したか，国内学生と国際学生が共に学習するように，授業内で教員がどのように奨励していたか，そして文化・言語的に異なるグループ間で交流することの利点と障壁についての質問に応えた。

　3大学から合計35名の学生がグループ・インタビューあるいは個人インタビューに参加し，そのうち20名は学部生，15名が大学院生であった。これらの学生は7つの幅広い学問専攻領域からなり，大多数は商学，経営学，経済学専攻であった。ほぼ半数がオーストラリア人であり，それ以外は英語を第二言語とする，全部で11カ国の出身者であった。インタビューする学生の募集は，プロジェクトチームのメンバーがこれ以上新しい情報やテーマがインタビューからは得られないと判断した時点で中止した。

　グループ・インタビューはデジタル録音され，全部または一部が書き起こされた。インタビューを行ったチームメンバーが第1段階のデータ分析を行った。テーマ別分析により，主要な分析結果が「学習のための学生間交流フレームワーク」（3.2節で詳述）に詳細に記述され，これによってフレームワークの見直し，精緻化を行った。分析結果は次節に詳述する。

3.　研究結果

　研究結果は，次の2点にまとめられた。第1に，オンライン調査とグループ・インタビューの回答により得られたデータから，多文

53

化背景からなる学生間の交流が学生の学習にもたらす利点と，それ
を阻む障害を明らかにすること。第2に，学生間交流を促進させる
ための「学習のための相互作用フレームワーク」を，データ分析に
より開発すること。これら2点の結果について，以下の各小節で紹
介する。

3.1　多文化背景からなる学生間交流の利点と障壁

　オンライン調査とインタビュー調査に応じた回答者は，学生間交
流に関する障壁よりも利点の方を多く挙げた。

◆ 学生間交流を取り入れた学習の学生にとっての利点
（1）異なる観点への気づきと理解が増す

　インタビューに回答した教員と学生の大多数が，文化背景の異な
る学生がもつ意見や経験の多様性が学習場面にもたらす良い影響を
挙げた。国際学生と国内学生の双方にとって，文化的多様性の中で
の学習は，知識の増大，互いの世界観への気づきの向上，国際的経
験の修得などにおいて利点であると認められた。また教員は，異な
るバックグラウンドの学生同士での共修が，あらゆる学生の学習成
果を向上させると捉えていた。

　多くの学生が，国際学生と国内学生間の交流は異なる見方への気
づきや理解を増加させると答えた。その多くが，学生の文化的多様
性は学習のリソースとなることを認識していた。たとえば，ある医
学専攻の国内学生は，南アフリカ人学生から得た臨床医療における
異文化問題について学んだという。

　同様に，ある国際学生はオーストラリア人学生との交流の利点について述べた。商学専攻の彼女によれば，異なる文化背景の学生との交流によって，自分たちがグローバル化が非常に進んだ世界に生きているということに気づき，また学習上の必要性から異なるタイプの人びとと共にビジネスをするにはどうしたらいいかを知る必要がある以上，文化背景の異なる学生の考えを知ることは，実際的で重要だと述べた。

（2）就職への準備に資する

　多くの教員と学生が，国内学生と国際学生間の交流は就職への準備という点で潜在的な利点があることを認め，相互にコミュニケーションを取りつつ学びあうことの重要性を双方の学生が認識していた。多文化間学生交流は，異文化コミュニケーション能力や，オーストラリアやその他世界のどこであれ遭遇する多文化環境で働くための，準備に役立つ知識を広げることにつながる。高等教育段階での学習経験におけるこの点は，卒業生のその後の職業人生に影響を与えるとされている。次の 2 つの引用は，教員へのインタビューから得られた代表的なコメントである。

　　私の場合，会計学は職業ベースの学位コースであることから，学生達は自分たちのその後の職場への準備にとって良いことと考えていたようです。おそらく，学生たちは文化的に多様なチームの中で働くことになる……だから，国内学生にとっても国際学生にとっても，互いを通して共に働くことを学ぶことは重要です。

オーストラリアは多文化社会で，私の担当するオーストラリア人学生はこの地で働くことになるでしょう。ですから，彼らは，自分と似たような人びとだけと一緒に働くとは限らないのです。彼らは英語を第一言語としない人びとと一緒に働くことになるだろうし，そうなれば自分のことや，自分がしたいことをはっきりと十分に説明できるようにならなければならないでしょう。

　他方，国際学生も国内学生も，文化グループを超えた学生と交流することで，多様な文化背景からなる人びととともに働くことに対する自信がもてると答えた。

(3) 国際学生の英語運用能力が上達する

　調査前からの予想通り，オンライン調査やインタビュー調査に応えた教員の大多数は，国際学生が国内学生と交流を重ねるほど，英語運用能力が向上すると指摘した。国際学生自身も教員のこの認識と同じ意見であった。たとえば，ある国際学生は，授業で教員が言ったことがわからなかった場合は，オーストラリア人の友人と話し合ってわかるように説明してもらうと答えた。彼のオーストラリア人の友人は，課題で書いたものの文法上の間違いを修正して，記述英語の上達も支援していた。

(4) 帰属意識が高まる

　多くの教員と学生が，交流は国内学生と国際学生間の友情を育むことができると認めた。学生間の人間関係の形成は帰属意識の高まりをもたらし，教室を超えた学生間交流を促進させる。ある国際学生は，第1週のチュートリアルで多くの友人を得ることができたと

答えており，そのチュートリアルはまさしくその目的のために設計されたものであった。

◆ 学生間交流を阻む障壁

(1) 教育機関としての実践的制約

　オンライン調査とインタビュー調査の両方の結果で明らかになったことは，大規模授業や習得すべき科目内容の多い授業は学生間交流を妨げるということであった。教員の約半数が，どのようなユニットであれ，その中でカバーすべき題目数が決まっており，そのため教員は科目内容を教えることに集中するのを求められると答えた。

　職業団体などの外的影響力もまた，カリキュラムにおける科目内容の重要性を優先させる要因となり，教員が学生の交流のために授業でできることを限定している。たとえば正課のコースでは科目内容をカバーすることが最優先であり，そのため学生間の交流を促すことにあまり時間を割くことはできないと回答する教員もいた。

　大規模授業もまた，学生が多様なグループで学習するのには障壁とみなされていた。多くの教員が，大人数の講義の際には学生に共同学習をさせることがむずかしく，チュートリアル授業もまた規模が大きくなっていると答えた。

(2) 国際学生の英語運用能力の弱さ

　教員の中には，国際学生の英語運用能力の弱さがコミュニケーションにおける主要な課題で，そのことが国内学生との交流を妨げる要因となっていると答える者もいた。彼らは，多くの国際学生は自分がそうありたいと思っているよりも英語運用能力が低いと認識し

ているため，国内学生と話すことをためらってしまうのであろうと考えていた。学生の中にも，同様の回答をする者が多かった。インタビューに回答した国内学生の数人は，国際学生は英語運用能力が低く，そのことがコミュニケーションを妨げていると思っており，国際学生との交流がむずかしいのはそのためだと述べた。

他方，次の項目にあるように，国際学生の中には交流の難しさを彼らの英語運用レベルにではなく，国内学生と国際学生との間の共通基盤が足りないことにあると捉えている者もいた。

(3) 共通基盤の欠如

多くの国際学生と国内学生は，交流の機会が与えられても，それを実際に行うのは難しいと指摘した。ある学生はこのことを「共通基盤（common ground）」の欠如と述べた。何が交流を難しくしているか，そもそも交流の機会はあるのかという問いについて，大多数の国際学生と国内学生は，多くの者が自分のグループ内に留まっていて，文化的に自分が安心できる場所（コンフォート・ゾーン）から出たがらないと回答した。たとえば国内学生からは，スポーツやポップカルチャーなどの話題を共有できるのは国内学生であり，国際学生とはそうした共通基盤をもつのがむずかしいという意見があった。

他方，まったく異なる意見の国内学生もいた。彼にとって国際学生と交流することは比較的容易で，その理由は彼らの言語を話すことができるからである。彼はマンダリン中国語を話す国際学生との交流を希望しており，それによって自身の言語スキルを磨くと同時に，国際学生と英語で対話することでお互いに役立つ交流ができる

と回答した。この場合は，言語が彼らの交流に共通基盤を与えたことになる。

　国際学生においても，主にスポーツやテレビ番組など授業外での共通基盤の欠如について同様の見解を述べる者が多かった。しかし，何人かの学生は，寮生活の経験が，国内学生との交流を格段に容易にしていると回答した。寮ではよくキッチンや廊下で国内学生と顔を合わせることがあり，そういう時に一緒に何かをすることを計画できるからである。たとえばメンター活動やボランティアなど，課外活動への参加により共通基盤を作る方法について提案する学生もいた。何人かの学生は，科目学習の内容，たとえばチュートリアルや授業で出た課題などの話題こそが，国内学生と国際学生の対話の架け橋となり得ると述べた。

　以上のように，学生からのコメントのほとんどは授業外活動に関することに集中したが，教育・学習環境での交流を通した「共通基盤」作りの可能性はあると思われる。

（4）学習経験の違い

　オンライン調査とインタビュー調査での教員の多くの回答により，学習経験や文化の違いが学生間交流をむずかしくしていることが明らかになった。教員による次のコメントは，交流を制限する原因と思われる国際学生の特定の学習経験を捉えている。

　　東南アジア出身の学生は違います…（彼らにとって）権威をもつ者の言うことはすべて疑う余地のないことなのです。だから，質問してもいいんだよということを彼らに伝えるのに多くの時間

を割かないといけません。

　アジアからの国際学生は批判的思考をすることに難しさを抱えています。だから，読書課題についてのディスカッションをグループで行うようにしても，議論すべき点を思いつかないので何も言うことがない。このことが交流を制限しています。

異なる学習環境は国内学生との交流に対しても影響を与えると言う国際学生もいた。

　私の国では，教師指導型の学習がより多く行われています。だから先生が授業に来て，何か指示を出し，私たちはその課題をやっていました。ここに来たばかりの頃，自分たちの課題について議論したり読んだものについて批評したりしなければならないのには，とても苦労しました。どうやっていいのか分からなかったのです。そういうことを学ばなければなりませんでした。

国内学生のインタビューでは，学習経験に関する内容は出てこなかった。彼らには，それが国際学生との交流の障壁になるとは捉えられていないようである。しかし多くの教員は，異なる学習経験が授業内での学生間のコミュニケーションを阻害していると述べていた。

(5) 学習へのコミットメントの程度とキャンパス滞在時間の制約
　多くの国内学生はアルバイトをしており，このことが学生同士の

交流の機会を制限している。国内学生は実際，あまりキャンパスに留まっていないようである。大学院生ではそれがさらに顕著となる。大学院の国際学生の中には，国内学生はフルタイムの仕事や自分たちの生活があるので授業時間しかキャンパスにおらず，そのことが交流の障壁になっていると述べる者もいた。このことは，学習においても，また社会的ネットワークの形成においても問題であると捉えられていた。

3.2 「学習のための学生間交流フレームワーク」(Interaction for Learning Framework)

「Finding Common Ground」プロジェクトの主要な研究結果は，6 つの次元（dimensions）からなる連続した枠組み「学習のための学生間交流フレームワーク」(Interaction for Learning Framework) にまとめられた。このフレームワークは，まず概念的枠組みとして，主に学生参画やグループ学習，ピア・ラーニングに関する研究を活用して開発され，その後，本プロジェクトで収集したデータの分析により精緻化された。このフレームワークで示される提案の中には，高等教育段階での効果的教授法について広く受け入れられている原理を用いている部分もあるため，それほど新しいことではないと思われる点もあるかもしれない。にもかかわらず，この枠組みが他の同様研究と差別化される点は，学生間交流を計画するための総合的なフレームワークを構築したことで，これによって学習・教育および評価の各局面で，教員が考慮すべき個々のポイントがお互いに連携された形で提案されている点である。

61

なお，本フレームワークは，以下の基本方針によって支えられていることに留意する必要がある。すなわち，

・学生のもつ多様性を学習・教育にとっての一つのリソースとして認め，これを活用する
・多様な文化的・言語的背景からなる学生を，さまざまな方法によって学習環境に参画させる
・学生間交流をカリキュラムの本質的要素として位置づけ，教育・学習および評価活動と関連付ける
・カリキュラムに基づいた学習活動を通して学生同士の交流を促進させる
・学生間交流がさまざまな学習環境間で活用されるその多様な方法について認識する

　以下は，「学習のための学生間交流フレームワーク」を構成する6次元の詳細である。

◆ 次元1. 学生間の交流を促進する教育・学習を企画する（Planning interaction）

　この「企画」の次元は，他の5つの次元にとって核となる要素である。この次元では，教員は学生間交流活動をカリキュラム設計の一部として取り入れることとなる。このことは，学生が多様な文化背景をもつ他の学生と交流しなければ達成できない学習課題を，授業設計において適切に組み込むことを意味する。調査データにおいて，ある教員から「多文化対応スキルはマジックにより起こるものではありません。多文化対応スキルは教え込まれ，価値あるものと

認められ，カリキュラムの中に組み込まれなければいけないものです」と回答されたように，学生間交流活動はそれが学生の間から自発的に起こるのを待つのではなく，授業設計者である教員によって，科目の到達目標に沿う形であらかじめ組み込まれなければならない。

　もう一点，「企画」の次元で非常に重要な点は，学習評価を学習成果と連結させることである。学生の学習成果をどう評価するかを計画しておき，授業の初期段階で学生に説明することは，授業において学生間交流を促すのに非常に重要である。そうすることで，学生間交流がその授業の学習成果の達成と関連しているということを，学生にはっきり示すことができる。

　この次元の主要ポイントは，以下の通りである。

・多様な背景の学生間の交流をコースの到達目標に組み入れ，それを科目概要の中で明示する。

・課題を完成させるのに必要な情報を得るために，多様な背景の他者と一緒に授業に取り組むことが求められるように，教育・学習活動を設計する。

・学生同士のフィードバックが必要となる評価課題を授業に取り入れる。

◆ 次元 2.　学生間の交流が生まれる環境を作る（Creating environments for interaction）

　この次元では，特に授業の第 1 週での学生の参画を高めるために活用できる教授法に注意を払う。学生に多様な文化・言語背景からなる学生間交流への自信をつけさせ，自分が安心できる場所（コン

フォート・ゾーン）から一歩外へ踏み出す機会を与えることが，この段階での主な目標である。

　研究結果からは，学生はもともと友好関係のある学生同士でグループを形成しやすく，また，よく似た背景をもつ他者と交流するのを好むことが示された。これは国際学生，国内学生どちらにも当てはまる。しかし，セメスターの最初の授業において効果的なアクティビティを取り入れることができれば，異なる文化背景の学生が交流する学習環境を作ることは可能である。たとえばアイスブレーカーの活用，学生の社交性を高めることを目的としたチュートリアル，学生が座る席やテーブルを教員側で指定する，といった方法により，クラスの学生を動かし，学生間のコミュニケーションを促し，自分の文化グループ以外の学生とのコミュニケーションに自信をつけさせ，いつもの社会グループの外へ彼らを踏み越えさせることができる。本研究のインタビューに応じたほとんどの教員が，こうした工夫は授業の最初の週で活用すべき重要な手法とみなしていた。

　この次元の主要ポイントは，以下の通りである。

・授業の最初のセッション（週）で交流に関する導入や「アイスブレーカー」を取り入れる。

・授業の最初に，短いピア・ラーニング・アクティビティを組み込む。

・学生がいつもの社会グループを超えて移動するのを奨励する。

◆　次元 3. 学生間の交流を支援する（Supporting interaction）

　この次元では，学生が学習活動を行うために，従来の文化・言語

64

グループを超えて活動するのを教員が期待するということと，そうすることの利点について学生に提示する。その主な目的は，学生が学生間交流の価値を理解することであり，また学生が学習課題に取り組む上で基本的なルールや希望を設定することである。学生間交流を行うことが学生の学習成果を高めるために重要であるということを学生に理解させるのは，本フレームワークでの重要な構成要素の一つとなる。インタビューに応じた教員の何人かは，学生同士の交流が科目の学習成果達成に利点があることを，セメスターを通して言い続けることが重要だと回答した。

　ただし，ほとんどの教員が，多様な文化的背景の学生と話す自信をつけさせることのみでなく，学生同士の交流に必要なスキルを伸ばすことも考慮されなければならないと回答した。また，学生インタビューにおいても，国際学生と国内学生どちらも，共修に必要な自信やスキルを高めるようなサポートが教員から提供されることが必要だと回答した。

　この次元の主要ポイントは，以下の通りである。

・授業において学生同士の交流を期待することを明確に示す。

・学生間の多様な観点をお互いに尊重し，認めることを奨励する。

・学生がグループ内の交流に関するルールを作成するのを支援する。

・多様性の中での学習がいかに彼らの学習を助けるかについて学生に教える。

・学生にグループワークのためのリソースを提供する。

◆ 次元 4. 授業科目の知識習得に取り組む（Engaging with subject knowledge）

　ここまでの 3 つの次元は，国内学生と国際学生の共修を実施するための，いわば準備態勢を整える重要項目であった。それに対してこの次元の主な目的は，その授業が対象としている科目知識の習得に取り組むために，言語・文化的多様性を活用することである。ここでは，たとえばさまざまな能力，学習ストラテジー，文化上の経験等を活用して，科目についての知識を相互に構築することなどが含まれる。

　調査インタビューでは，科目の知識習得に取り組む際にも，学生の多様性がリソースとなり得ることが強調された。インタビューに回答した教員の中には，学生間交流が国内学生にとって学習上の利点をもたらすことを指摘する者もいた。たとえば，学生に議論を促すような質問を出して，グループの学生が互いに自身の経験に基づいた意見を出さないといけないようにする。すると，オーストラリアではそれほど重要でなくてもマレーシアなど他国では大変重要な問題となる事項が国際学生から挙がる，というようなディスカッション上の経験を通して，学生の視野を広げる工夫がなされている。

　授業計画で学生間交流をどのような方法で，またどのような目的のために取り入れるかということについては，教員自身の学問上のバックグラウンドも大いに反映される。たとえば，人文学系の教員はある課題についてさまざまに異なる観点から論じるために，ペアやグループ学習を活用していた。それに対して，より実践的な科目の教員は，グループ学習は学習補助の点から効果があると強調した。

こうした学習補助の観点からのグループ学習には，たとえば，課題に対するモデル構築，化学実験の実施，芸術系のパフォーマンスの準備などが挙げられる。

　この次元の主要ポイントは，以下の通りである。

　・課題を完成させるために，グループ内の学生の多様性を活用するのを促すアクティビティを用意する。
　・学生が課題に取り組む際に，多様な文化的背景の学生がお互いの知識を出し合うことが必要となるグループ・プロジェクトを設計する。
　・仲間同士のフィードバックを学習の補助として取り入れる。

◈ **次元 5. 内省的プロセスを構築する（Developing reflexive processes）**

　この次元では，学生は個人で理解したことを超えて，学習者コミュニティの中で利用可能な知識基盤を活用できるようになる。この次元の主な目的は，学生同士のフィードバックと評価を通して，より高いレベルの交流や認知的な学習への参画を促すことで，学生の批判的思考力や学習に対する振り返りを強化することである。

　インタビュー調査では，これより前の 4 つの次元と比較して，この次元で教員から出された事例は全体的に少なかった。しかし，インタビューで明らかとなったのは，学生が自身の学習について批判的に振り返ることを促すには，教員の存在が重要な役割を果たしているということである。たとえば，ある教員は多様な言語・文化背景の学生と一緒に学習するという条件を評価基準に取り入れていた。

彼は学生に，学習内容について多様な視点を得ることが必要であること，それが学習評価において重要となることを学生に伝え，文化的，あるいは国際的な視点など，さまざまな側面から物事を理解して分析できるようになることを期待していると学生に明示していた。

インタビューに応じた教員のほとんどは，内省的プロセスを育成するために学生間交流を活用することは効果的な手法であり，とりわけ仲間同士のフィードバックが評価課題に含まれている場合はそうであると述べた。たとえば，ある教員は40名の学生を抱える大規模チュートリアルグループを持っており，学生の学習に対して詳細なフィードバックを与えるのは大変難しいと感じていた。そこで彼は，学生達が課題を行った後，授業外で会合の機会をもって学習内容について話し合い，仲間にフィードバックを与えるよう，チュートリアルを構成した。授業外会合で上がったどのような問題についても，翌週の授業でディスカッションする時間を設けた。その結果，彼の授業評価では，国際学生と国内学生のどちらも，課題を完成させる際に国際的な観点から考えなければならないため，自身の学習成果の質が向上したと考えていることが明らかとなった。

この次元の主要ポイントは，以下の通りである。

・学習仲間へのフィードバックのためにさまざまな意見を分析し，統合するのを促す。

・学生の学習を支える建設的なフィードバックを与える。

・学生が自分自身の知識や授業で得られた異なる観点について振り返らせるよう支援する。

◆ **次元 6．学習者間のコミュニティを育成する（Fostering communities of learners）**

　この次元では，学生は自立的な学習者となり，さまざまな文化状況を移動できるようになる。この次元の主な目的は，国内学生と国際学生間の自立的学習のためのリソースとして，文化的多様性を活用することである。

　第5次元と同様に，学習者コミュニティを育てることに関連する事例は数件挙げられたのみであった。それらの事例には，主にカリキュラム内の学習に関連したオンラインでの共修や仲間同士のメンタープログラムなどが挙げられていた。

　この次元のまとめ

・学生が授業時間外でも自分の学習グループの学生と課題に取り組むのを奨励する。
・カリキュラム内の学習と関連したオンラインの共修促進ツールや，特定の環境を設定した上での仲間同士のメンタープログラムが，自立的な学習コミュニティの形成に効果的である。

第3節　課題と展望

　第1節で概観したように，オーストラリア社会はこの50〜60年間で多文化性が定着してきたこと，そして積極的な留学生政策により世界でも類を見ないほど高い国際学生比率を多くの大学が示していることが，オーストラリアの大学における国際教育環境の豊かさをもたらしている。一方で，国内学生はこうした教育環境を必ずし

も大学や教員が期待するほど享受し活用していないことが,「Finding Common Ground」プロジェクトで明らかにされた。多文化間共修の取り組みにとって,学生の文化的多様性は大きな利点には違いないが,それが必要条件にはなり得ないということである。本プロジェクトが強調しているのは,どのような教育環境であれ,多文化間学生交流のための最重要事項は,教員によって周到に準備された授業設計と,それを基にした各回授業での学生への適切な支援・介入である。

では,教員は具体的にどのような準備や支援を行うべきか。「Finding Common Ground」プロジェクトはオーストラリア・ヴィクトリア州内の3大学を調査対象としてまとめられたが,そこで得られた研究結果の多くの部分は,日本の大学の多文化間共修実践に対しても多くの示唆を与える。Arkoudisらは本プロジェクトの研究成果を次の3点に集約しており(Arkoudis et al., 2013),これらはいずれも,日本の大学での多文化間共修実践の発展に資するものであると思われるため,本章の最後に紹介する。

(1)「学習のための学生間交流フレームワーク」は,多文化背景をもつ学生間の交流を授業のサイクルに組み込むのを支援する。学問領域や科目内容にかかわらず,学生間交流は学習の向上を助けるリソースになり得る。学生間交流を授業回ごとに適切な方法とタイミングで設計し,奨励し,評価することの重要性が,この枠組みでは強調されている。

(2)多文化背景の学生同士の交流には,教員の役割がとても重要である。繰り返しになるが,教員の適切な支援と介入が,学

生間交流の鍵となる。自分が担当する授業でなぜ学生間交流を期待するのかについて，授業の初期段階で受講学生に明確に説明し，そしてそれが国内学生であれ国際学生であれ，すべての学生の学習成果につながることを，学習評価手法の提示とともに学生に話すことが重要である。

(3) 学習評価を授業設計に効果的に取り入れることは決して容易なことではないが，重要である。「学習のための学生間交流フレームワーク」の 6 次元のうち，第 1 から第 4 次元までの教育・学習手法については多くの事例が挙がったが，第 5 次元と第 6 次元はほとんど事例が集まらなかった。最初の 4 次元は教育学習活動に関するものであるのに対し，第 5 次元と第 6 次元は，どちらかというと評価と関連づけられるものである。評価を授業設計サイクルに効果的に組み入れることは，オーストラリアの大学の授業実践でも，少なくとも本プロジェクト調査の時点では定着していなかったようである。しかし，(2) と関連して，学生間の交流から得られる学習成果は科目知識の学習成果と同様に重要で，それは学習評価と関連づけられているということを授業の初期段階で学生に開示することで，学生が多文化間共修の意義を理解し，それを活用した学習を行うことは可能である。

【注】
1)　2014 年の移民数は約 660 万人，全人口の 28 ％を構成している。また，中国からの移民は英国，ニュージーランドに続き第 3 位で 447,400 人（全人口の 1.9 ％），インドは第 4 位で 397,200 人（同 1.7 ％）であった（ABS, 2015）。

2) 本章では，international student を「国際学生」と表記する。日本の文脈で広く使われている「留学生」という用語には，外国に一定期間留まって勉学するという意味合いがあるが（橋本, 2001），本章で扱うオーストラリアなど一部の国ではすでに，オフショアプログラムや遠隔教育等の教育学習方法により，従来型の「留学」に当てはまらない形態で国際教育を受ける学生もこのカテゴリーに含むからである。日本においても徐々に「国際学生」という用語を使用する機会が増え始めていることから，本用語の使用による混乱は少ないと判断した。ただし，国際学生の受け入れに関する政策を「国際学生政策」と表すのはまだ馴染みがなく不明瞭さを与える懸念があることから，従来からの「留学生政策」という用語を使用することとした。

3) Group of Eight Australia（2014）の報告によれば，2012 年の国際学生からの授業料は大学の収入全体の 16％（41 億ドル）となっており，これは 3番目に大きな収入源である。

4) 橋本（2011）は，この 2010 年からの国際学生数減少の要因について詳細な考察を行っている。

5) 現在の後継組織は Universities Australia。

6) ちなみに日本の大学との学術交流協定は 2014 時点で中国，米国，ドイツに次いで 4 番目に多い 479 件で，協定内容は学生交換を主目的としたものが比較的高い割合となっている（Universities Australia, 2014）。

7) Olsen（2008）は，オーストラリアの大学で展開されているさまざまな留学の仕組みを以下の 6 項目に類型化している。(1) 単位を伴う 1 セメスターまたは 1 年間の交換留学，(2) 同様期間の交換以外の留学，(3) 1 セメスター以下の短期プログラム，(4) 現場実習または実践的訓練，(5) 研究活動，(6) その他。

8) 一例として，メルボルン大学で 2006 年から漸次的に改編されてきたカリキュラム改革「The Melbourne Model」では，学部学生の卒業時資質について次の 5 点を掲げている。すなわち，メルボルン大学学部卒業生は，(1) 学問的に優秀である，(2) 学際的造詣が深い，(3) コミュニティにおけるリーダーとなる，(4) 文化的多様性に順応できる，そして (5) 意欲的なグローバル市民となる，ことが期待される（Office of the Vice-Chancellor, The University of Melbourne, 2006）。

9) 本研究プロジェクトは，メルボルン大学高等教育研究センター副センター長 Sophie Arkoudis 准教授（当時）をプロジェクトリーダーとし，研究対象 3 大学に在籍する 8 名の研究者が構成するプロジェクトチームによっ

て実施された。本章第 2 節は，プロジェクト・リーダーの了解を得た上で，Arkoudis et al.（2010）のブックレットの内容を本章の目的に沿って翻訳し再構成している。

【参考文献】

青木麻衣子（2014）「社会と学校教育」青木麻衣子・佐藤博志編著『オーストラリア・ニュージーランドの教育：グローバル社会を生き抜く力の育成に向けて』東信堂.

杉本和弘（2003）『戦後オーストラリアの高等教育改革研究』東信堂.

橋本博子（2001）「グローバリゼーションとオーストラリアの留学生政策」『留学生教育』第 5 号，pp. 27-48.

橋本博子（2011）「オーストラリアの留学生政策　―留学生受入れをめぐる近年の躓きと対応を中心に―」『留学生教育』第 16 号，pp. 73-79.

ABS（Australian Bureau of Statistics）（2011）*International Students*.
http://www.abs.gov.au/AUSSTATS/abs@.nsf/Lookup/4102.0Main+Features 20Dec+2011#INTERNATIONAL　（2015 年 8 月 10 日閲覧）

ABS（2012）Cultural Diversity in Australia. Reflecting a Nation: Stories from the 2011 Census.
http://www.abs.gov.au/ausstats/abs@.nsf/Lookup/2071.0main+features 902012-2013　（2015 年 8 月 10 日閲覧）

ABS（2015）*Overseas born Aussies hit a 120 year peak*, Media release（29 January 2015）.
http://abs.gov.au/ausstats/abs@.nsf/Latestproducts/3412.0Media%20Release 12013-14?opendocument&tabname=Summary&prodno=3412.0&issue= 2013-14&num=&view=　（2015 年 8 月 10 日閲覧）

Adams, T.（2007）The development of international education in Australia: A framework for the future. *Journal of Studies in International Education*, 11 (3/4), 410-420.

Arkoudis, S., Yu, X., Borland, Baik, C., H., Chang, S., Lang, I., Lang, J., Pearce, A. and Watty, K.（2010）*Finding common ground: Enhancing interaction between domestic and international students*, Melbourne: ALTC.

Arkoudis, S., Watty, K., Baik, C., Yu, X., Borland, H., Chang, S., Lang, I., Lang, J. and Pearce, A.（2013）Finding common ground: Enhancing interaction between domestic and international students in higher education. *Teaching in Higher Education*, 18(3), 222-235.

Australian Trade Commission (2015) *Australian International Education 2025: Unlocking the potential.*
https://www.austrade.gov.au/Education/Services/australian-international-education-2025#.VdbK4_ntmko （2015 年 8 月 10 日閲覧）

Back, K., Davis, D. and Olsen, A. (1997) Strategies for internationalisation of higher education in Australia. In J. Knight, and H. de Wit (Eds.) *Internationalisation of higher education in Asia Pacific countries.* Amsterdam: The European Association for International Education (EAIE), IDP Education Australia and the Programme on IMHE of OECD, 33-45.

Daly, A. J. and Barker, C. (2005) Australian and New Zealand university students' participation in international exchange programs. *Journal of Studies in International Education,* 9(1), 26-41.

Department of Education and Training (2014a) *International Student Data 2014.*
https://internationaleducation.gov.au/research/International-Student-Data/Pages/InternationalStudentData2014.aspx （2015 年 8 月 10 日閲覧）

Department of Education and Training (2014b) *Outgoing international mobility of Australian university students,* Research snapshot.
https://internationaleducation.gov.au/research/Research-Snapshots/Documents/StudentMobility%202013.pdf （2015 年 8 月 10 日閲覧）

Department of Education and Training (2015) *New Colombo Plan 2016 mobility applications open,* Joint media release, 2nd April, 2015.
https://ministers.education.gov.au/new-colombo-plan-2016-mobility-applications-open （2015 年 8 月 10 日閲覧）

de Wit, H. (1997) Strategies for internationalisation of higher education in Asia Pacific countries: A comparative introduction. In J. Knight, and H, de Wit (Eds.) *Internationalisation of higher education in Asia Pacific countries,* Amsterdam: The European Association for International Education (EAIE), IDP Education Australia and the Programme on IMHE of OECD, 21-32.

Group of Eight Australia (2014) *Policy note: International students in higher education and their role in the Australian economy.*
https://go8.edu.au/sites/default/files/docs/publications/international_students_in_higher_education_and_their_role_in_the_australian_economy.pdf （2015 年 8 月 10 日閲覧）

Knight, J. (2012) Concepts, rationales, and interpretive frameworks in the internationalization of higher education. In D. K. Deardorff, H. de Wit,. J. D. Heyl, and T. Adams (Eds.) *The SAGE handbook of international higher education*, Thousand Oaks, Calif.: SAGE Publications. 27–42.

Leask, B. (2009) Using Formal and Informal Curricula to Improve Interactions Between Home and International Students. *Journal of Studies in International Education*, 13 (2), 205–221.

Leask, B. (2013) Internationalization of the curriculum and the disciplines: Current perspectives and directions for the future. *Journal of Studies in International Education*, 17 (2), 99–102.

Minister for Foreign Affairs. (2015) *New Colombo Plan 2016 mobility grants announced*. Joint media release, 24th July 2015.
http://foreignminister.gov.au/releases/Pages/2015/jb_mr_150724a.aspx
(2015 年 8 月 10 日閲覧)

Oakman, D. (2010) *Facing Asia: A history of the Colombo Plan*, ANU E Press.

Olsen, A. (2008) International mobility of Australian university students: 2005. *Journal of Studies in International Education*, 12 (4), 364–374.

OECD (Organisation for Economic Co-operation and Development) (2014) *Education at a glance 2014: OECD indicators*. OECD Publishing.

Office of the Vice-Chancellor, the University of Melbourne (2006) *The Melbourne Model: Report of the Curriculum Commission*, The University of Melbourne.

Universities Australia (2014) *International links of Australian universities: Formal agreements between Australian universities and overseas higher education institutions*, October 2014.
file:///C:/Users/Yukako/Downloads/International%20Links%20of%20
Australian%20Universities%20-%20October%202014%20(1).pdf　(2015 年 8 月 10 日閲覧)

Zubrzycki, J. (1995) *Arthur Calwell and the origin of post-war immigration*, Canberra: Australian Government Publishing Service.

クラスにおける多文化環境をいかに保障するか：
北海道大学における「多文化交流科目」の開発と実践

　北海道大学では，グローバル人材育成推進事業（現スーパーグローバル大学事業・経済社会の発展を牽引するグローバル人材育成支援）の採択に伴い，2013年度に，留学生と日本人学生の共修授業である「多文化交流科目」の提供を開始した。当初は，本学における留学生対象の学部プログラム（「現代日本学プログラム」）の創設にあたり，日本語力をほぼ持たない留学生が，3年次から受講する文系四学部の授業を日本語で無理なく受けられるように，日本語科目と学部専門科目とをつなぐ役割を持った科目群として，2011年度に国際本部留学生センター（当時・現国際連携機構国際教育研究センター，以下センター）多文化交流科目開発ワーキング・グループ（以下ワーキング・グループ）にて，その必要性が主張され，開発が開始された。しかしその後，グローバル人材育成推進事業への申請および採択による「新渡戸カレッジ」の創設に伴い，一学年約200人の（主に日本人）カレッジ生を対象に，その修了要件科目としての開講が求められたため，全学教育科目・一般教育演習（フレッシュマンセミナー）の枠内での提供に向けて，その準備を進めてきた。多文化交流科目創設3年目にあたる2015年度は，1・2学期あわせて23科目の授業を提供している。

本節では，北海道大学で進める共修授業である多文化交流科目の定義と構造を示すとともに，われわれ執筆者2名が担当する実際の授業を紹介することで，その概要を提示する。また，あわせて，このような授業の提供を全学の取り組みとして展開するための環境整備の必要性と今後の展望についても言及したい。

第1節 「多文化交流科目」の定義と授業開講形態

　多文化交流科目は，はじめに述べたように，留学生と日本人学生がともに，原則として日本語で学ぶ，問題解決型・プロジェクト型の授業群である。日本人学生は，全学教育科目・一般教育演習（フレッシュマンセミナー）に位置付けられる「多文化交流科目」を履修するのに対し，留学生は，所属するプログラム・コース等により科目の名称が異なる場合があるものの，基本的には，センターが提供する「一般日本語コース（一般日本語）」の超上級に位置付けられる「多文化交流科目」を履修する。留学生にとって，多文化交流科目は「日本語」科目の位置付けにはないが，授業内で日本語母語話者と協働する上では一定程度の日本語力が求められるため，事前のプレースメントテストの受験によりレベル判定を行い，原則，上級レベル以上の日本語力のある学生に受講を制限している。なお，日本語・日本文化研修（日研）コースに在籍する交換留学生に対しては，これまでの授業提供の経緯から，2015年度1学期までは，「一般日本語」のほか「専門科目」の枠内でも，多文化交流科目の提供を行ってきた（図3-1参照）。

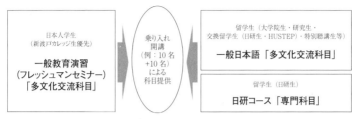

図 3-1　多文化交流科目の科目乗り入れの状況（2015 年度 1 学期まで）

　初年度にあたる 2013 年度は，新規科目群としての開講だったこ
ともあり，センターの教員のみで授業を担当したが，翌年度以後は，
多文化交流科目の趣旨に賛同する他部局教員にも協力を求め，授業
数の拡大を図ってきた。その結果，2013 年度に 1・2 学期あわせて
13 科目だった提供授業数は，2015 年度には約 2 倍の 23 科目に増加
した。

　また，初年度 1 学期は，開講科目数の都合上，日本人学生は新渡
戸カレッジ生のみに受講を制限していたが，カレッジ入校者の決定
時期等の影響から想定よりも履修者数が少なく，ほぼ留学生対象の
授業となってしまったため，新渡戸カレッジ教務委員会等担当部署
と協議し，2 学期以後は，新渡戸カレッジ生優先ではあるものの，
すべての学生が履修可能な科目として提供することとした。その結
果，2013 年度 2 学期以後は，日本人学生および留学生ともに，年度・
学期により差はあるものの，学期はじめには，ほぼすべてのクラス
で定員を満たしている。

　ただ，日本人学生については，新渡戸カレッジ生か否かにかかわ
らず，多文化交流科目の履修は，全学教育科目にかかる卒業要件単

位として認められるものの，特に大学院生や研究生等，いわゆる「補講」として日本語科目等を履修する留学生の場合，その受講は単位にはならない。そのため，後で述べるように，留学生の学期途中での履修取り消し・取りやめは，制度整備の十分でない授業提供開始から1〜2年は特に，授業担当者を悩ませる課題の一つであった。

第2節 ▶ 開講授業の概要

　多文化交流科目は大きく，「課題を認識する」「ともに考える」「解決に向け実行する」の三つの科目群に分けることができる。図3-2は，その構造と各科目群で育成を目指すスキルを示したものである。先に言及したように，センターワーキング・グループでは，当初，4年間の留学生向け学部プログラムである現代日本学プログラムの学生を主たる対象者として，日本語と専門，また留学生と日本人学生を「つなぐ」役割を持った科目として開発を開始したため，具体的な内容の検討に先立ち，これらの科目で育成を目指すスキルを軸として，科目全体の構成・構造を考えた。もちろん，これらの区分に従い示される「スキル」は横断的なものであり，かつ各区分に割り当てられた科目がそれらのスキルのみの育成を目指すものとは断言できないものの，学生が授業の履修に際し，各科目の活動のイメージを膨らませるとともに，自己評価の材料として活用してもらえればと考え，公表している。

　2015年度は1・2学期あわせて，「課題を認識する」群で12科目，「ともに考える」群で5科目，「解決に向け実行する」群で6科目の

図 3-2　多文化交流科目の構造と育成を目指すスキル

授業を提供している。各群の科目数にばらつきが見られるが，これは，全学教育科目・一般教育演習（フレッシュマンセミナー）が論文指導を目的とした科目を提供することを一つの目的としていること，多文化交流科目の担当教員の多くがセンターの日本語教員であり，自身の専門から「ことば」に特化した内容に重きが置かれていることに起因する。

　ここでは，ともに 2015 年度 1 学期に実施した，「課題を認識する」群の「ことばと社会」（小河原担当）と「解決に向け実行する」群の「札幌を『フィールドワーク』する」（青木担当）の 2 つの授業の概要を紹介する。

1.「ことばと社会」

　国内外を問わず，これからの世界ではモノ・ヒト・コトのさまざまな交流が一層進み，よりグローバルな社会において生じるさまざまな問題を，さまざまな言語で，さまざまな他者と協働して解決し

ていくことが求められる。このような多言語多文化状況における問題解決能力を育成していくためには，まず自分と違った世界の見方や考え方に出会うことから生じる大小さまざまな問題について，それを避けるのではなく，問題解決に向けて積極的に関わる姿勢，柔軟な態度が必要である。その上で，その違いを冷静に分析し，問題の所在を的確に判断しなければならない。そして，そこから説得力のある主張をもって発信し，ことばによるコミュニケーションを通じて社会（人と人とのつながり）に働きかけていくことが求められる。

　そこで本授業では，留学生と日本人学生が積極的・主体的に関わり合い，今自身が生きている社会について「ことば（コミュニケーション）」の視点からともに考える。そして，それらを通して見えてくるさまざまな社会的問題について明確な問題意識をもち，その問題の解決に向けて他者と協働して説得力のある主張に高め合っていくことを目的とした。

　到達目標は，以下の3点である。

(1) 自分と異なる世界の見方や考え方に出会うことから生じる問題について，それを避けるのではなく，積極的に関わる姿勢・態度を身に付ける。

(2) その関わりを通してそこにある違いや問題の所在を的確に分析し判断することができる。

(3) その問題を解決するために，説得力のある主張をもって発信することができる。

　このような目的，目標のもと，本授業は 2013 年度第 1 学期から開講され，3 つの科目群では「課題を認識する」を中心に「ともに考える」をカバーする科目として位置付けられる。毎学期後，内容，方法等，少しずつ改善しながら現在に至っている。本稿ではその中から 2015 年度第一学期について報告する。受講者は日本人学生が10 名（新渡戸カレッジ生），留学生は 9 名（中国 4 名，台湾 1 名，インドネシア 1 名，トルコ 1 名，イギリス 1 名，ロシア 1 名）でスタートした。授業スケジュールは以下のとおりである。

　本授業は全 15 回で，表 3-1 のように大きく 3 期から成る。第 1期はオリエンテーションの後，「ことば（コミュニケーション）」に

表 3-1　授業スケジュール

第 1 期	第 1 回	オリエンテーション
	第 2 回	アイスブレーキング，自己他己紹介
	第 3 回	異文化コミュニケーションとは何か
	第 4 回	グループディスカッション ①＋発表①＋相互評価①
	第 5 回	グループディスカッション ②＋発表②＋相互評価②
	第 6 回	グループディスカッション ③＋発表③＋相互評価③
第 2 期	第 7 回	グループディスカッション ④
	第 8 回	発表④－1＋相互評価④
	第 9 回	発表④－2，グループディスカッション ⑤
	第 10 回	発表⑤－1＋相互評価⑤
	第 11 回	発表⑤－2，テーマ設定
第 3 期	第 12 回	コンセプトマップ作成＋ペアディスカッション ①
	第 13 回	ペアディスカッション ②＋コンセプトマップ修正
	第 14 回	ペアディスカッション ③＋レポートアウトライン作成
	第 15 回	まとめ，評価

纏わるさまざまな社会の問題の中から特定のトピックについて資料，マンガ，ビデオ等を通じて情報提供し，まず個人で何が問題なのか，課題設定を行う。そして，留学生と日本人学生がグループになって共有した上で，課題をグループで一つに絞り，その解決策について話し合い，パワーポイントで発表する。発表の際には課題設定の妥当性，解決策の適切性，提案の説得力・おもしろさ，パワーポイント・プレゼンテーションのわかりやすさをポイントとして学生同士で相互評価する。毎回異なったグループでディスカッションすることを通して学生が自身や他者との違いに気づき，異文化理解や課題発見を進め，互いの意見を率直に述べ合い，コミュニケーションによる問題解決を繰り返し実践する。

　第2期では，同様に課題設定を行い，解決策を検討するだけでなく，より説得力のある解決策を提案するために，グループで必要な情報や資料を収集し，論理的に主張を整理した上で発表する。さらに発表後の相互評価に，発表に対する反論や，より説得力を上げるためのアドバイス，コメントを記述し，それらを受けて各グループで反論したり改善案を提案したりする発表の機会を再度設けることで，適切な情報収集や分析，相手を踏まえた論理性や説得力を意識するように促した。そして第3期ではグループ単位ではなく，これまでの活動を踏まえて各自が「ことばと社会」に関する自分のテーマを課題として設定し，解決策を提案する。まず自分の主張を中心にコンセプトマップに描き，それをもとにペアでディスカッションを行い，論理的展開や不足している情報等の問題点を指摘し合い，コンセプトマップを修正し，必要な情報収集を繰り返し行う。その

ようにして説得力のある主張・提案として記述し，最終的にレポートにまとめ，提出する。今学期に取り上げたトピックは，「ことば（コミュニケーション）」の視点から，「曖昧な自己表現」「外国人児童生徒」「言語の消失」「アイデンティティー」「外国人労働者」など，個人から社会の問題へと幅広く取り上げた。

　本授業の評価は，（1）各授業の事前事後課題の提出状況30％，（2）授業での発表内容とパフォーマンス40％，（3）レポート30％の3つの合計で評価した。（2）は先に述べた発表後の学生による相互評価，（3）はその相互評価の項目に加え，用語の定義や課題の現状把握の適切性等について評価した。

　課題としては，まず学生から日本国内における多文化化の現状について「知らなかった」「国内の状況をもっと知るべきだ」といった声が少なくなかった。国内外を問わず，多文化状況におけるさまざまな社会的問題についてはニュースや新聞でも多く取り上げられるようになっている。そういったリソースを授業に取り込み，活用することで授業後も学生の問題意識や興味関心を広げていく工夫が必要であろう。また，グループでの発表やレポートでは，どの学生も「ことば（コミュニケーション）」の視点から社会の問題を捉え，解決に向けた主張，提案を試みていた。しかし，説得力という点では使用する用語の定義，根拠となるデータの質と量，主張自体の妥当性と実現可能性，論理的展開，社会を捉える視点の柔軟性等，学生同士のディスカッションや指摘だけでは限界がある。説得力のある表現技術，論理的思考，プレゼンテーション，ディスカッション等の基本的なスキルトレーニングを計画的に取り入れる必要がある。

最終的にすべての課題を終えた留学生は5名だった。日本語によるディスカッションを通して課題を設定し，情報収集し，意見を集約して発表する過程が負担になっていたり，専門の授業と並行して受講することが難しく，途中でキャンセルしたりする学生がみられた。留学生の日本語力への負担がかからないようにすることは可能であるが，一方で表面的な理解や主張に終始しがちでディスカッションが深まらず，最終的な問題解決策の提案にも説得力がなくなってしまうという課題もある。さらに，目標達成を評価する方法についても再考が必要である。今後はルーブリックやポートフォリオ評価の導入，各活動で実際に何が起きているのか，学生同士の相互行為について分析することも検討している。

2.「札幌を『フィールドワーク』する」

　「札幌を『フィールドワーク』する」は，多文化交流科目の創設に伴い，2014年度から新たに開設した授業である。授業題目のとおり，留学生と日本人学生が，普段生活している大学や札幌を，自らのフィールドワークにより，特定の視点から深く掘り下げ，考察することを目的としている。

　北海道大学の日本人学部学生は，現在，半数以上が本州出身者であり，大学入学により初めて札幌での生活を始める者も多い。そのため，日本人学生といえども，留学生と同様，北海道や札幌に関する知識はそれほど多くはない。また，北海道では，11月以降，降雪により屋外での活動が制限される。これらの理由から，授業の実施時期は，1学期とした。

　また，この授業自体は新設科目であったものの，担当者がこれま
で提供してきた日研コースの専門科目の一つに振り替える形で提供
することにしたため，日本語力が上級に満たない日研生の受講を想
定し，授業の内容や活動が，あまり言語に依存しないものとなるよ
う工夫した。具体的には，フィールドワークを柱とすることにより，
文字資料のみではなく，写真や図表，実際にフィールドへ赴いた際
に自身が考えたこと／感じたこと，インタビュー記録等，さまざま
な材料をもとにさまざまな手法で調査を行う必要性を整えた。また，
最終レポート以外の活動はすべてグループでの作業とし，特にフィ
ールドワークに際しては，履修者に，文献調査，ポスター作成など，
それぞれが得意分野で力を発揮できるよう役割を分担するよう繰り
返し促した。

　この授業の到達目標は，以下のとおりである。

(1) フィールドワークに必要なスキルおよび態度について，理解
　　することができる。
(2) プレゼンテーション・スキル，グループで協働するスキル，
　　異文化理解力を伸ばす。

　また，具体的な授業スケジュール（2015 年度）は，表 3-2 に示す
とおりである。

　これらは各回の内容に従い，大きく 3 つに区分できる。履修者は，
オリエンテーション，自己・他己紹介で履修者同士を知る機会を持

表 3-2　2015 年（1 学期）　授業スケジュール

第 1 回	ガイダンス
第 2 回	自己紹介・他己紹介
第 3 回	フィールドワークとは，フィールドワークの手順と方法
第 4 回	フィールドワークの基礎的スキル ①－観察
第 5 回	フィールドワークの基礎的スキル ②－研究倫理と役割のとり方，情報収集
第 6 回	「札幌」を知る ①
第 7 回	「札幌」を知る ②
第 8 回	「札幌」を知る ③
第 9 回	札幌をフィールドワークする ①
第 10 回	フィールドワークの基礎的スキル ③－面接
第 11 回	札幌をフィールドワークする ②
第 12 回	札幌をフィールドワークする ③
第 13 回	発表
第 14 回	調査結果をまとめる ①
第 15 回	調査結果をまとめる ②

った後，第 1 段階として，フィールドワークの概要を学ぶ。フィールドワークの手順と方法についてはもちろんのこと，ある場所を一定時間記録したドキュメンタリー番組を視聴し，そこから見えてくるものを履修者で議論し整理することにより，フィールドワークで基本とされる観察の手法を疑似体験する。また，民俗学・文化人類学等の分野で古くから課題とされてきた研究協力者との関係構築のあり方について，研究倫理にかかわる事項とあわせて学習する。さらに，授業では中盤に配置しているが，フィールドワークに際し実施する可能性のある面接についても，アポイントメントの取り方やインタビュー記録の整理の方法を含め，練習している。

　第2段階では，テーマおよびフィールドの選定とフィールドワークの実施を主な作業とする。「札幌を知る」では，前提となる情報を集めることを目的に，公開されている統計データや資料等から，札幌の「いま」をさまざまな視点から検討した。その後，今年度の課題である「いまの札幌を一番表している場所，もしくはいまの日本の縮図となっている場所」のいずれかに沿って，グループごとにテーマおよびフィールドの選定を行った。各グループの構成員は，それまでの授業内でのグループ活動や提出物等から，毎年，担当教員が決めている。また，テーマおよびフィールドの選定後は，実際にグループごとに調査を進めるが，フィールドワークは授業外の活動とし，授業の各回では各自がそれらの結果を持ち帰り，その後の方向性や内容の検討を行い，グループでその成果をまとめる時間にあてている。なお，フィールドワークを授業外の活動とすることは，学生には事前にシラバスに記載し，周知している。

　これらの過程を経て，第3段階では，グループごとのプレゼンテーションと，各自の調査結果（個人レポート）をまとめる作業を行う。グループごとのプレゼンテーションでは，それまでのフィールドワークの結果を，PPT1枚に，ポスター形式でまとめ発表する。また，個人レポートでは，全体の3分の1を，グループでの調査から明らかになったことの整理に用い，その後3分の2は，そこで明らかにできなかったこと，深く掘り下げて検討したいことを，個人でまとめ，最終レポートとして提出することを課題としている。

　2015年度は，日本人学生10名，留学生（日研生）2名（いずれも中国人）の計12名が履修した。フィールドワークの基本グループ

は3名1グループとし，計4グループに分かれ活動した。今年度は留学生の履修者が例年に比べ少なかったため，留学生が含まれないグループが2グループ存在し，当初は，多文化交流科目本来の目的が果たせないのではないかと懸念を持ったが，途中経過の報告等，全体討議の際には，留学生も含め活発な意見交換が行われた。

　図3-3は，2015年度の履修者が行ったフィールドワークによる成果（ポスター発表）の一部である。このグループは，学生食堂をフィールドに，現代の学生の暮らし向きに関する調査検討を行った。調査開始時には，学食は，学生の憩いの場としての「たまり場」になっているのではないかとの仮説を持っていたが，他大学における学生生活調査等を用いた先行研究を踏まえてのフィールドワークを通して，その多くが，学生生活の多忙さから，手軽に食事が取れる

図3-3　2015年度授業履修者が作成したプレゼン用ポスターの一つ

学食を利用しているのではないかとの結論を得たようだ。また，札幌の中心に位置する大通公園をフィールドに札幌の人びとの暮らしの一端を明らかにしようと試みたグループは，近年のイベント等の定期的な開催により，大通公園が，市民にとってはむしろ非日常の空間になっているのではないかとの検討結果を発表していた。その後の個人レポートでは，名古屋市にある同様の公園との比較を行い，その仮説をさらに検証する試みを行った学生もいた。

　これまで3度にわたる授業提供のなかで，内容や成果発表の方法等，多少にわたり改善を行ってきたが，多文化交流科目をとおして育成を目指す異文化理解力やリーダーシップ，チームワーク等の汎用的スキルを，いかに学生に自覚させ，その育成を奨励できるのかは，継続的な課題であり続けてきた。そのため，今年度は，履修者に，各授業でのグループワークの後に自らの活動を振り返る「活動のまとめ」の提出を毎回求めるとともに，グループでのポスター発表に際しルーブリックを作成し活用した。毎年，多文化交流科目全体で実施している授業アンケートの学生の自己評価および自由記述欄からは，学生がこれらのスキルの修得にプラスの効果を感じていることがうかがい知れるが，今後は，より一層明示的にその成果を提示していく手法の開発も求められると考える。

　なお，授業の評価は，(1) 通常の授業（そのための準備・復習時間含む）への積極的参加，授業内での（各自の活動の振り返りを含む）提出物の提出（40%），(2) フィールドワークの中間報告としてのプレゼンテーション（30%），(3) フィールドワークの成果物としての最終レポート（30%）に基づき行っている。

第3節 ⋮ 課題と展望

　これまで約3年間にわたり多文化交流科目の提供を行ってきたが，制度上の課題も含め，解決すべき事項はまだ山積している。センターワーキング・グループでは，多文化交流科目の目的・目標の共有と，その提供にかかわる制度整備を図るため，毎学期末に授業担当者で，振り返りの機会を持ってきた。ここで提示する課題は，そこで提出された，各授業担当者の声を集約したものである。これらの課題はすでに先行する東北大学の事例でも指摘されているとおり（佐藤他，2011），制度的制約からすぐに解決できるものばかりではないが，現在進行形の対応策も含め，その内容に言及したい。

1. 留学生数の確保

　北海道大学は研究に重点を置く大学の一つであり，在籍留学生の圧倒的多くが大学院生である。また，理系大学院では，英語プログラムの運用により，研究・教育上は日本語力を必要としない留学生の受け入れも行っている。そのため，文系大学院に進学を希望する研究生と，研究上，一定程度高度な日本語力を必要とする大学院生および学部留学生（交換留学生，特別聴講学生含む）が，多文化交流科目の主な留学生受講者となるが，全体数が少なく，留学生数の確保に課題が残る。

　また，留学生が多文化交流科目を受講するに際しては，原則として一定程度の日本語力が必要とされるものの，基本的に（原籍大学

が単位認定を行う交換留学生以外には）単位を付与する授業ではない
ため，拘束力はない。そのため，大学院生や研究生のなかには，自
身の研究が忙しくなったり，大学院入試が近くなったりすると，授
業を途中でやめてしまう学生も少なからず存在する。実際に，特に
2学期開講の科目では，授業中盤に差し掛かるあたりで留学生の履
修取り消しが多く，各授業担当者を悩ませてきた。

　この課題を解決するために，センターワーキング・グループでは
これまで，センターが主に運営を担うプログラムで，多文化交流科
目を必修化できるよう，関係者等との協議の上，その制度整備を図
ってきた。その結果，現代日本学プログラム課程，日本語・日本文
化研修（日研）コースおよび日韓共同理工系学部留学生プログラム
で一定数の単位が必修化され，2015年度2学期から学生の履修が
始まった。また，これにあわせ，これまで留学生に対しては，複数
のトラックで提供されてきた多文化交流科目を一本化し，単位認定
のための名称の違いはあるものの，すべて「一般日本語」の枠内で
提供することとした。これにより，留学生数の継続的な確保につな
がるとともに，より単純な構造での科目提供が可能になると考えて
いる。

2. 留学生の日本語レベルの問題

　留学生数の確保とともに，かれらの日本語レベルも課題の一つに
挙げられる。日本人学生との年齢差，教育歴を考えると，学部留学
生は，たとえ日本語力に多少制約があったとしても，それまでの大
学教育での経験を糧に作業が進められることから，主に日本人1・

2年生の協働学習の相手としては最適である。しかし，たとえば，センターが運営する1年間の交換留学プログラムである日研コースのように，本来，上級レベルの日本語学習者を対象としてきたプログラムでも，派遣と受け入れとのバランスへの配慮等から，近年では中級レベルの学生も多く受け入れるようになってきており，留学生の日本語力にはばらつきが見られる。また，現代日本学プログラムの学生は，先に述べたように多文化交流科目を必修単位として複数履修しなければならず，実行教育課程表上は，中級レベル程度の日本語力を持つ学生であれば履修可能なつくりにしているため，かれらの日本語力に応じた科目の提供が必要とされる。

そのため，2015年度2学期からは，中級レベルの日本語力に対応した，ことばにそれほど多くを依存しない科目の提供を試みている。これらの科目は，当面のあいだ，センターの教員が担当する予定であるが，今後は，「解決に向け実行する」群の科目を増やすとともに，留学生教育にこれまであまり携わってこなかった各学部教員も，多様な分野で多文化交流科目の提供ができるよう，FD等含め，そのための環境整備が必要だと考えている。

「多様性」を資源と見なす考え方に立てば，さまざまな日本語力の学生が想定される環境も魅力的といえるかもしれないが，留学生・日本人学生双方にとっての教育成果を考えると，日本語力を基準に一定のレベル分けは必要であろう。そのため，留学生受講者数の確保という観点からも，多様な科目の開発・提供が求められる。

3. 評価基準の確立と科目の継続性・連続性について

　多文化交流科目は，はじめに紹介したとおり，① 授業担当者間で共有すべき最低限の定義のもと，② この科目により育成を目指すスキルの特定を基盤に，開発を進めてきた。現在はセンター教員が中心となって授業を担当しているため，論文指導を目的の一つとする全学教育科目・一般教育演習（フレッシュマンセミナー）の枠内でも，科目の特性についての理解を共有し，問題解決型・プロジェクト型の活動を中心とした授業を提供することが可能となっている。また，本学高等教育推進機構との共催によりアクティブラーニングや評価に関する FD 等を行うことにより，学内で多文化交流科目について知ってもらう機会も持ってきた。しかし，今後，科目数・幅の拡大を図るため，全学他部局の教員にも多文化交流科目の提供を依頼していくにあたっては，多文化交流科目の理念・目標の整備・確立も含め，より具体的な定義の特定が求められる。

　また，先に図 3-2 で示した「多文化交流科目で育成を目指すスキル」について，それらをどう評価していくのか／できるのかも重要な課題の一つである。センターワーキング・グループでは，2013年の科目提供開始以後，多文化交流科目を担当するセンター教員に協力を仰ぎ，授業の最終週に，履修者に対して，コミュニケーション能力や他者との協働，自身の異文化理解に関するスキル等の自己評価を兼ねたアンケート調査を実施してきた。しかしながら，これらの自己評価は学生の主観に基づくものであり，実際にそれらが授業前後でどの程度「伸びた」のかを数量的に把握することは難しい。担当教員によっては，授業前半に同様の調査を実施し，学生に自ら

のスキルの程度を自覚させ，それらの育成に注意を払う機会を提供している。しかし，各授業により，授業の構成や目的，育成を目指すスキルの重点等が異なるため，多文化交流科目全体で一律にそのような取り組みを実施するには未だ調整が必要である。

　さらに，評価に関連して，多文化交流科目を履修した学生が，仮に当該授業で，その修得を目的とするスキルを一定程度にまで伸ばすことが可能だったとしても，それを次のステップへと導く機会が保障されていなければ，その効果は半減するだろう。センターでは，一昨年度以後，多文化交流科目の提供にあわせて日本語科目の改編も行っており，留学生対象の授業（日本語および多文化交流科目）には，そこで育成されるスキルに関しても，一定の連続性が確保されている。しかしながら，日本人学生にとって，全学教育科目・一般教育演習（フレッシュマンセミナー）は，いわゆる一般教養科目の一つに過ぎず，専門科目との継続性・つながりは保障されてはいない。近年，コミュニケーション能力や異文化理解力等に代表される汎用的スキルの育成の必要から，初年次教育でも問題解決型・プロジェクト型の授業の提供が奨励され，かつ九州大学等では，そのような授業の継続性が学部課程を通して提供される仕組みが用意されつつあるが，各学問分野における専門性を考慮すると，それは容易なことではないだろう。

4.　多様性の確保とその捉え方

　汎用的スキルの育成に主眼を置く多文化交流科目の提供の前提として，1クラス内の学生の「多様性」をどのように保障できるのかも，

検討が必要な課題である。多文化交流科目は，留学生と日本人学生がともに日本語で学ぶ科目であり，学生の多様な背景を資源・材料に，各担当教員により各授業が組み立てられている。しかしながら，先にも言及したように，留学生を対象とした授業での単位認定の制約から，たとえば2.1で紹介した授業のように，学期途中で留学生数が半減するような事態も生じている。また，2.2で紹介した授業でも，時間割構成やアルバイト，日本語能力試験やコース修了レポートの準備等との兼ね合いから，年により履修者数に差があり，かつ国籍の偏りも見られる。学期末の授業アンケートでは，特に日本人学生から「留学生数がもっと多ければよかった」等の声も出ているものの，制度的制約により，すぐに対処できる問題ではない。また，日本の他大学と同様，北海道大学でも，東アジア地域出身の学生が全体の約7〜8割を占めており，学生の出身地域に基づく多様性の確保は容易ではない。

　多文化交流科目を提供する担当者の間でも，どこまでの多様性を確保すべきか，そもそもどのような差異が多様性の前提とされているのかについては，これまでにもさまざまな意見が出されてきた。オーストラリアやアメリカに代表される移民国家とは異なり，日本，特に北海道では，目に見える多様性はそれほど多くはない。人工的に創出される多様な背景を持った人びととの共修が，どこまで現実に即したものであるのか。また，一方で，日本人同士，アジア地域出身者同士の中にも当然ながら存在する多様性はどのように扱えばいいのか。なぜ「留学生と日本人学生がともに学ぶ」とあえて謳わなければならないのか。さらなる検討が必要であろう。

本節では，これまで，北海道大学における，留学生と日本人学生の共修授業である「多文化交流科目」の開発の背景とその定義，開講科目の状況および今後の課題について，その概要を紹介してきた。「留学生と日本人学生がともに学ぶ」環境を創出する上では，これまで留学生の教育・指導を主に担ってきたセンターと，主として日本人学部学生の教育に携わる部署・組織等との綿密な制度設計が必要不可欠である。また，担当教員なくして授業を提供することはできないため，このような新規授業群の理念に賛同する教員を確保し，連絡調整を密に図ることも重要である。その意味でも，多文化交流科目の定義や構造，評価基準の確立は，もっとも重視すべき，体制整備の前提といえる。

　今後，留学生と日本人学生のように，多様な背景を持った人たちがともに双方のちがいに学び，それぞれの差異を強みに変えられるキャンパスを創造していく上で，多文化交流科目を全学的に展開していくことは，必要不可欠であろう。そのためにも，多文化交流科目の意義を，明示的に提示できる体制やしくみの開発が求められる。教室内の多様性をどのように確保し，その環境のなかで得られる教育効果がどのようなものであるのか，その評価基準の確立も含め，今後，一定の成果を出してくことが重要だと考えている。

【付記】
　本稿で示した，授業紹介以外の「多文化交流科目」全体にかかわる部分については，下記，『留学生センター紀要』第18号に掲載した報告に，加筆修正を行ったものである。

【引用・参考文献】

青木麻衣子・小河原義朗・鄭惠先・小林由子・中村重穂・妙木忍・山下好孝（2014）
　「【特集】留学生と日本人学生がともに日本語で学ぶ『多文化交流科目』の
　創設」『北海道大学留学生センター紀要』第 18 号，北海道大学国際本部留
　学生センター，pp. 1-97.

佐藤勢紀子・末松和子・曽根原理・桐原健真・上原聡・福島悦子・虫明美喜・
　押谷祐子（2011）「共通教育課程における『国際共修ゼミ』の開設―留学生
　クラスとの合同による多文化理解教育の試み―」『東北大学高等教育開発推
　進センター紀要』第 6 巻，pp. 143-156.

北海道大学国際本部グローバル教育推進センター（2016）『多文化交流科目
　教職員用手引き』.

北海道大学国際本部留学生センター（2015）『北海道大学国際本部留学生セン
　ターブックレット 1　留学生と日本人学生がともに学ぶ「多文化交流科目」
　を考える』.

北海道大学シラバス検索ウェブサイト：http://syllabus01.academic.hokudai.
　ac.jp/Syllabi/Public/Syllabus/SylSearch.aspx）（2016 年 4 月 13 日閲覧）.

北海道大学新渡戸カレッジウェブサイト：http://nitobe-college.academic.
　hokudai.ac.jp/（2016 年 4 月 13 日閲覧）.

Arkoudis, S. Xin Yu, Chi Baik, Helen Borland, Shanton Chang, Ian Lang, Jose-
　phine Lang, Amanda Pearce and Kim Watty,（2010）*Finding Common
　Ground; enhancing interaction between domestic and ternational students
　Guide for academics.*

第4章

学生間の意味ある異文化間交流を丁寧に「仕掛ける」：東北大学における実践

　多様な言語・文化背景の学生が，意味ある交流（Meaningful Interaction）を通して学び合う多文化クラスは，日本では国際共修と呼ばれることが多い。オーストラリアやアメリカなどの多民族国家では，学位取得や交換留学，語学留学などの学業の成就を目的として一定期間滞在するいわゆる留学生以外にも，二世，三世などの移民家庭や異なる国籍の両親のもとで育ったバイリンガル，バイカルチュラルの学生など，多様な言語・文化背景をもつ学生らが教室で机を並べる光景は決して珍しくない。しかし，単一民族国家の日本では，日本人学生以外は「留学生」として一括りにし，2つの異なる学生群が共に学びを修める形態をもともと男女共学で使用されていた「共修」を応用し一部の大学で「国際共修」と呼ぶようになった。もちろん大学や個々の教育現場で呼称は異なるため，「留学生と日本人学生が共に学ぶ」といった前置修飾をつけるケースが多い。

　国際共修は，多文化クラス同様，単に留学生と日本人が同じ科目を履修するために教室を共にすることではない（Leask & Carroll, 2011）。授業内で多様な価値観が共有され，そこから学びが生まれるよう周到に設計された授業であり，そこには異なる文化で育った者同士が他人の意見に耳を傾け，これまで想像もしなかったものの

見方，考え方に触れ，視野の拡大に驚き，そして葛藤しながらも「異」を取り入れ，新たな視点で自己を再解釈するための仕掛けづくりが組み込まれている。当然ながら通常の授業よりも準備に時間がかかり，また，履修者のデモグラフィーや予備知識，学習意欲等に授業の進行が左右されるので，授業担当者には予期せぬ展開にも対応できる柔軟性が求められる。知識を一方的に教授する従来の講義形式の授業や，日本人の視点のみで議論を進める授業に比べ，多様な価値観を共有する学生を主体とした授業は，不確実な要素が多く，二の足を踏む教員が多いのも事実である。

多文化環境における共修は，学習者の異文化理解の深化やコミュニケーション力の向上（中野，2006；Leask, 2011），異文化コンピテンシー（Leask, 2009），視野の拡大，自己成長，多様性の尊重，協働性（加賀美，1999；2006），自文化理解の促進（末松・阿蘇娜，2008）など，さまざまな学習効果をもたらし，同時に多様性の受容のみならず，柔軟性，論理的思考力，問題解決力，行動力の涵養に効果的であることが，これまで数多くの国内外の研究や教育実践報告でも明らかになっている。しかし，日本における国際共修はまだ歴史も浅く，体系だった教授法が確立されているとはいえない。授業のテーマ設定，教材選択，指導言語，教育介入の形態や頻度，効果的なグループ学習の導入，課題，評価方法のみならず，授業内の態度や発言に対する留意事項や，学生の授業への自発的参加を奨励する環境づくりなど，学生間の交流を学びにつなげるための「仕掛け」に関する研究を加速的に進める必要がある。

本節では，2006年から筆者が東北大学で実施している課題解決

型（PBL）の国際共修の取り組みを紹介し，試行錯誤を繰り返しながらも未だ進化形の授業実践や学生の学びについて言及する。

第 1 節　東北大学における国際共修の位置づけ

東北大学の将来像と指針を示す『グローバルビジョン』（平成 25 年策定，平成 27 年改訂）では，言語・文化背景の異なる人びとと協調しながらも，自分の意見を的確に伝え問題解決につなげる高度なコミュニケーション能力を有するグローバル人材の育成をミッションのうちの一つに掲げている。また，筆者が所属する高度教養教育・学生支援機構の部局ビジョンにも，多様な価値観と文化を学ぶ国際共修・異文化理解プログラムの開発と推進が目標に据えられている。これらの大学としての教育目標に加え，文部科学省の国際化拠点整備事業（大学の国際化のためのネットワーク形成推進事業いわゆるグローバル 30），経済社会の発展を牽引するグローバル人材育成支援事業（全学型），スーパーグローバル大学創成支援事業（全学型）採択の後押しもあり，これまで留学生と日本人学生の共修科目を積極的に開講してきた。日本語を教授言語とする科目については全学教育科目と留学生を対象とした日本語特別科目との共同開講，英語の科目については国際交換留学プログラムとの乗り入れ開講など，留学生と日本人学生が正課内で相互研鑽しネットワークを構築する機会を創出するために，全学をあげて体制整備を進めてきた。現時点で日本語，英語による国際共修を 30 科目以上も全学教育科目として開講している。

第2節 ◆ PBL 型国際共修授業

　筆者が担当する国際共修科目は，課題解決型のグループ単位でプロジェクトに取り組む形態の授業である。PBL はそもそも Problem-Based Learning として，従来の知識供給型から学生の自発性を重んじる学習者主体型（Learner-Centered）の授業形態への移行を牽引する理想的な教授法として広がった。現在では，グループ単位でプロジェクトに取り組む Project-Based-Learning として解釈されることもある。これらの「PBL」を混合する教育実践者が特に近年散見されるが，実は2つは少し異なる。課題解決型は，当然のことながらそこに何らかの問題が存在し，それを解決することを主軸に据えた学習形態であるが，プロジェクト型は課題の是非にかかわらず成立し，さらに一定期間内に結果が求められる有期的，成果主義的な要素を含む。つまり課題解決型の PBL は「学習」に焦点が置かれているが，プロジェクト型は成果ありきで，語弊があるかもしれないが，よりきな臭く，しかし実社会に近い体験を伴うため，結果的に多くの学びを創出する。

　この2つの PBL を同時に授業に取り込めるのが筆者が東北大学で8年前より実施しているプロジェクト型の国際共修である。もともとは，学部1年生向けの全学教育科目，「基礎ゼミ」として開講していた。当時は，まだ交換留学生の数が少なく，日本人の学生と，留学生の大半を占める大学院生や研究生が教室内で，「意味ある交流」を行う機会は殆どなかった。日本語の上達を目指す留学生を中心に

声をかけ，基礎ゼミに参加してもらい，共修プロジェクトを開始した。その後，留学生を対象とした日本語の補講を行う日本語特別課程との共同開講が実現し，単位にはならないが，留学生が正式に授業を受講する体制を整備することが出来た。2009 年に人文社会科学系の国際交換留学プログラムを開始した後は，英語による共修科目も開講し，共修の幅を拡大し，発展させた。現在は，留学や留学生との交流を希望する 2 年生以上の日本人学生も履修できるように，1 年生のみを対象とした基礎ゼミではなく，全学教育科目のカレントピックスとして，前期と後期にそれぞれ日本語，英語を 1 科目ずつ開講している。

　筆者の国際共修授業の中心は，グループ単位の協働学習である。留学生と日本人学生混成チームで課題に取り組み，一定の成果を学期中にあげることを目的としている。また学習者には「異なる言語・文化背景をもつチームメイトと協働する」ことを求めているので，課題解決型とプロジェクト型の両輪を備えた授業であるといえる。

　4 科目中 2 科目は科目名を「異文化間コミュニケーションを通じて世界を知ろう」とし，日本語で開講している。対象は学部の正規生（留学生含む），東北大学の学術交流協定校から派遣され 1 年間もしくは半年間在籍するいわゆる交換留学生，大学院進学を目指し日本語特別課程で日本語を学ぶ研究生，大学院留学生である。正規生と交換留学生は，全学教育（教養教育）科目として履修し，研究生と大学院生は単位にならない日本語科目として受講する。あとの 2 科目は英語を指導言語とし，「Intercultural Collaborative Project Ⅰ，Ⅱ（和名：キャンパス国際化への貢献：留学生との協働プロジェクトを

表 4-1　国際共修科目一例（筆者が担当する 3 科目）

科目名	開講学期	単位数	対象	指導言語	授業形態
異文化間コミュニケーションを通じて世界を知ろう	前・後期	2	学部正規生（日本人・留学生），交換留学生，日本語特別課程生	日本語	ディスカッション中心，課題解決型
Intercultural Collaborative Project I	後期	2	学部正規生（日本人・留学生），交換留学生	英語	課題解決型，プロジェクト企画・実施
Intercultural Collaborative Project II	前期	2	学部正規生（日本人・留学生），交換留学生	英語	課題解決型，プロジェクト企画・実施

出所）東北大学全学教育科目：カレントトピックス

通じて国際性を身につけよう 1，2)」として開講している。対象者は全学年の日本人学生および交換学生を含む留学生である。この英語による授業は，留学経験もしくは留学生との交流経験を有する学生を対象としており，東北大学で実施している国際共修の中でも，比較的，難易度の高い科目である。

　授業では HP を活用し，課題様式のダウンロードや，過去のプロジェクトの閲覧や報告会で使用した資料の入手を可能にしている。また，履修を検討している学生の判断材料となる，履修者の感想やアドバイスなども掲載している。学生はチームでの活動に Facebook や LINE などの SNS を活用することが多く，将来的には授業の HP と SNS の連動も視野に入れている。

第3節 授業実践

　「異文化間コミュニケーションを通じて世界を知ろう」,「Intercultural Collaborative Project Ⅰ, Ⅱ（キャンパス国際化への貢献：留学生との協働プロジェクトを通して国際性を身につけよう 1, 2）」それぞれについて, クラス構成, 授業および学習者の目標, 授業内容, 課題, 評価方法, プロジェクトの成果例, 授業で行っている工夫を中心にさらに詳しく紹介する。また, 日本の大学ではまだ実践例がそれほど多くない課題解決型の国際共修,「Intercultural Collaborative Project」については, 2015年の前期に学生が行った実際のプロジェクトを例に挙げ, 課題発見から成果までの概要を詳しく提示する。

1. 異文化間コミュニケーションを通じて世界を知ろう

◆ クラス構成

　学部の正規生（日本人学生, 留学生）, 全学年を対象としているが, 全学教育科目として開講しているため, 8～9割近くは1年生である。しかし近年, グローバル企業への就職を希望する, また留学予定の高学年の学生の履修も増えつつある。留学生は交換留学生が多いが, 日本語を補講的に受講する日本語特別課程の研究生, 大学院生も含まれるため年齢層は幅広い。履修者は多いときで70名, 通常は40～50人前後である。授業の中心となる6～7人のディスカッショングループが8つ程度できる。学期により日本人学生・留学生の比率は異なるが, どちらかにいちじるしく偏るということはなくバラン

スの取れた構成となる。

◆ 授業および学習者の目標

　世界共通の問題，課題への理解を深め，言語・文化背景の異なる学生同士がディスカッションを通して多角的な視座を養い，また相互理解を深めることで柔軟な思考力を身につけることを授業の目標としている。テーマに沿った活発な議論を展開することで，異文化間コミュニケーションの面白さ，むずかしさを学び，傾聴力，対話力，情報発信力を身につける。グループワークをはじめとする協働作業を通して，プロジェクトを成功させるために，リーダーシップ，チームワークがいかに大切であるかを学ぶ。

◆ 授業内容

　世界各国が直面する課題をテーマに，言語・文化背景の異なる学生がグループ単位で議論を重ね，最終的にはそれぞれのグループが企画した討論会をクラス内外で企画・実施する。全15回のうち最初の3，4回は授業担当者が世界共通の課題を取り上げ，課題の背景や世界各国の状況・対策などを，資料やデータに基づき，学生との対話を取り入れながら講義形式で行う。講義は30分程度で，残り30分はグループ単位でのディスカッション，30分はクラス全体討論を行う。課題として取り上げるのは，差別問題，移民・難民問題，近代化と伝統文化の保護，同性婚，尊厳死，女性の社会進出，臓器移植など，同じ国でも賛否が分かれるテーマである。

　学生が，与えられた課題に対して討論をすることに慣れたころに，

今度は各グループがそれぞれテーマを選択し，話題提供とディスカッションの指揮を担当する。ここでも同様のテーマが取り上げられるが，重複を避けるために，テーマが決まりだした頃に調整を行う。ディスカッションの使用言語が日本語であるため，最初は日本人学生がグループ内の議論で主導権を握る傾向があり，テーマも日本で大きく取り扱われている問題に偏ることがあるため，多文化的な視点を議論に盛り込むことを必須としている。

　授業の集大成となる最終プロジェクトは，前期はオープンキャンパスで，後期は近隣の高校に出向き，高校生を対象とした同様の討論会を企画・実施することである。世界共通の課題，多面的な議論の展開に加え，自分達よりも知識や経験の少ない高校生に，いかにわかり易く課題の背景や論点を説明し，議論に巻き込むかを考えながら討論会を実施する。

◆　**課　題**

　履修者には予習，レポート3回，プレゼンテーション（以下，プレゼン）発表2回を課している。予習は次回の授業で取り上げるテーマに対する事前学習である。実際にしたかどうかは確認しないが，怠れば自国の状況を説明したり，意見を述べたりすることが出来ないため，ほとんどの学生は自然に予習に取り組むようになる。個人の限られた経験や視野をもとに主観的な情報提供を防ぐために，グループ発表では，必ず根拠となるデータや資料の提示を求める。レポートでは，学期初めに設定した個人の学習到達目標を振り返り，達成度の低い目標項目について対策を立てる。言語・文化背景のこ

となる学生とのディスカッションを通して直面した課題または得られた学び，さらに自分を成長させるために必要な新たな目標についても書かせるようにしている。最終レポートでは，目標達成状況の振り返り，授業を通して何を学び，それを今後の大学生活やキャリア形成にどのように生かしたいか抱負を述べる。プレゼンの準備はチームに任せるが，負担を均等に分け合うよう注意を促すようにしている。

◆ 評価方法

　3回のレポート，グループディスカッションへの関与，グループ発表を総合的に勘案して評価している。レポートは日本人学生も留学生も同じ基準で評価するが，文法や語彙の使用法については対象としない。レポートには一言だけでも必ずコメントを書き，自分の成長に対し内省の浅い学生には質問形式でさらに考察の深化を促す。日本語学習を目的として受講する学生のレポートはなるべく文法を添削して返却し，文法の間違いを減点することはしていない。内容については，日本語を母語としない留学生に対して特別な配慮はせず同じ基準で評価している。表現力が限られていても，日本人学生よりもはるかに内容の濃いレポートを書く留学生は少なくないからである。グループ単位で行うディスカッションや発表については，グループ単位での評価としている。

◆ プロジェクトの成果例

　2015年後期に実施した同市内の中高一貫校での出前討論会を例

に挙げて成果を紹介したい。高校 2 年生の社会の時間を留学生・日本人学生混成 4 チームが，それぞれ「中等教育における英語教育」「事実婚」「女性の社会進出」「社会における女性への優遇政策」をテーマとした高校 2 年生向けの討論会を行った。この公立高校は前身が女子高で，文部科学省のスーパーグローバルハイスクール事業にも採択された進学校であることを事前に伝えていたため，生徒が関心を持ちそうなテーマを選択したものと思われる。約 1 カ月を準備に費やし，討論会では各チームが 30 名程度の高校生を巻き込んでディスカッションを行った。

　事前学習なしで参加したにもかかわらず，高校生達は各テーマに関心をもち，活発に議論に参加してくれた。たとえば，欧州出身の留学生が，事実婚の典型例として，自分の母親が一度も結婚せずに，3 人の父親と事実婚を繰り返し，5 人の異父兄弟とともに幼少期を過ごした経験を挙げながら，事実婚のメリットとデメリットを説明した際は，直前に学習した事実婚の定義を自分たちが暮らす社会の現実として咀嚼できたようであった。結婚を書面上の契約と捉え，自由と女性の自立にこだわる母親の選択を理解・尊重しながらも，母が新しい家族と暮らす「実家」に対し複雑な思いをもつ留学生の経験談は高校生の胸に響いた様子であった。その他のテーマでも高校生達は積極的に発言し，討論を主催しているはずの学生ら終始，押され気味だったが，無事，討論会を終えることが出来た。終了後の振り返り会やレポートでは，達成感が自信につながった，大変な授業であったが履修してよかったという声が多く聞かれた。履修者の満足度は授業評価にも反映されており，授業の目標はある程度，

達成されているといえる。

◆ **授業実践における工夫**

　言語・文化背景，異文化経験，予備知識，年齢，専門の異なる学生が集まりディスカッションを行う授業であるため，授業運営にはそれなりの注意が必要となる。以下，主な取り組みを紹介したい。

① 異文化理解・自文化理解を深めるテーマ設定

　ある国では大きな課題であっても，状況や価値観の異なる他国では全く話題にも上らないケースもある。たとえば，中東からの難民問題は，トルコやドイツでは自国の経済状況や治安に直接関係する重要なテーマであるが，日本や中国の学生はあまり当事者意識をもって取り組めない。時事に対する学生間の温度差を実感することもこの授業の目的の一つではあるが，チーム全員が関心を持てるテーマ探しに時間をかけすぎてしまい，肝心の議論がおざなりになることがある。なるべく共通項探しが円滑に進むよう，最初の数回の授業で模範例を提示し，議論が暗礁に乗り上げたときはその中から選択するよう促している。

② 自立した学習者の養成

　「学習者の目標」は，授業の目標も鑑みながら履修者が自ら立てる。過去の国際交流経験や語学力，専門等により学生の到達目標はそれぞれ異なるためである。異文化・自文化理解力，語学・コミュニケーション等のカテゴリー内でそれぞれ3つ程度目標を設定し，毎回のレポートで学生が目標達成度を振り返る。自分の成長を確認するだけでなく，継続して直面する課題を認識し，そ

112

の攻略法や新たな目標への考察を深めることで，自分自身の学びに対してオーナーシップをもたせるようにしている。これらの作業を進める中で，学生は次第に自立した学習者へと成長していく。

③ 発展的な学びの援助

　学期初めは，世界時事にほとんど関心のなかった学生らが，さまざまなテーマでディスカッションを重ね，また自ら議論を主導する中で次第に自信をつけ，最後は自分たちよりも経験の浅い高校生を相手に，世界規模の課題をわかり易く説明し，議論に巻き込む。このように，授業では異文化や自文化への興味や世界共通の課題への関心を喚起し（導入），チームで協力しながら新しい課題を発見・共有することで情報収集力・発信力を身につけ（展開），最終的にはかつての自分たちのように，世界時事に無知・無関心でかつディスカッションに不慣れな高校生の意識改革を試みる（発展）三段階の構成で学生の学びを支援している。

④ 言語の壁への意識

　使用言語が日本語であるため，注意喚起をしても日本人同士で早口で話をしたり，省略語や造語，はやり言葉を使用した会話が飛び交う。留学生が困惑した表情で首をかしげる光景が常態化し始めたタイミングで，突如，授業内の使用言語を30分間，英語に変更すると宣言する。留学生は水を得た魚のように話し始め，日本人はとたんに無口になる。このショック療法で，複雑なテーマを第二言語で議論することのむずかしさを実感し，留学生にわかり易い言葉を選んで，ゆっくりと明瞭に話すようになる学生は多い。

⑤ 多層的な評価方法の導入

　グループ単位で行う作業を逐一観察し，学生一人ひとりの成長を捉えるのは物理的にも限界がある。授業中はなるべくグループ間を行き来し，どの学生がリーダーシップを発揮しているか，積極的に議論に貢献しているかなどのプラス面での評価と，傾聴に背を向け会話を独占している，発言せずに聞き役に徹している，ディスカッションに関心をもてないでいる，などのマイナス評価をこまめに行うようにしている。また，グループ発表は，成績には反映されないがピア評価を取り入れている。評価項目に従ってチームの発表内容を評価し，回収した評価シートを授業終了時にコピーしてチームに手渡す。発表したチームは一週間以内に集まって反省会を開き，振り返りを1〜2ページにまとめる。次の授業でその振り返りを全員に配布し，準備→発表→評価→振り返りと改善点の提案のPDCAを完結するようにしている。

⑥ プレゼンテーションに対する意識づけ

　一通り最初の各チームによるプレゼンが終わったあたりで，効果的なプレゼンを取り上げた講義を行う。プレゼンの意義や目的，資料作成や発表における留意点に触れ，プレゼンは人に物事を伝えるという役割以外にも，聞き手に配慮しながら自分たちのメッセージを伝え，最終的には人を説得するための手段，つまりコミュニケーションである，ということを説く。授業の冒頭ではなく，あえて学生が一度プレゼンを経験してから，意識付けを行う。多くの学生がグループワークやプレゼン初心者であるため，一度目のプレゼンで大なり小なりの失敗を体験したり，他チームの発表

を評価することで，プレゼンの質を左右する「何か」に意識が向かい始めたころをねらい講義するとより効果的である。

2. キャンパス国際化への貢献：留学生との共同プロジェクトを通じて国際性を身につけよう

◈ クラス構成

　留学生と英語で課題解決型（PBL）のプロジェクトを企画・実施するという，難易度の高い授業であるため，日本人学生には，留学や国際交流経験者を求めている。留学生は正規生（全学部，全学年），交換留学生を対象としている。履修者は多いときで 70 名，少ないときは 40 名程度で，ここ数年は留学生の方が多い。毎学期 7〜8 人のグループが 5〜8 できるが，日本人は各グループ数名に留まる。英語を指導言語とするため，日本人学生には敷居の高いクラスとなっている。

◈ 授業および学習者の目標

　大学や社会などのコミュニティの国際化に貢献するという一定の「成果」を意識し，言語・文化背景の異なるチームメンバーと英語でコミュニケーションを取りながら共通の目標に向かってプロジェクトを企画・実行する。この成果を意識した協働作業により，多角的な視点で事象を捉え，自らの価値観や社会観を問い直し，新たな価値観を創造する。多様な価値観を理解・受容しながらも，リーダーシップ，チームワーク，対話・交渉力，自発性，行動力など，グローバル人材には欠かせない資質やスキルを身につける。

◆ 授業内容

　1（後期）も2（前期）も，東北大学の国際化をさらに推進するプロジェクトをチーム単位で実施する内容ではあるが，1は東北大学や地域社会における異文化理解の促進をねらった「インターナショナルウィーク」の企画・実施，2はより難度の高い課題解決型のプロジェクトに取り組む。授業の目標である「東北大学の国際化に貢献する」「言語・文化背景の異なる多文化チームで協力し合う」「イノベーションを起こす（二番煎じではない新たな取り組みを行う）」の3項目を全て満たす学生主体のプロジェクトを行う。留学生・日本人学生の混成チーム7～8名でチームを組み，東北大学が直面する課題を発見・分析する。次に課題解決のためのプロジェクトを企画し，チーム一丸となり取り組む。企画発表会，プロジェクト進捗報告，最終報告会以外は，ほとんどの時間をチームでの議論や課題解決に向けた作業に費やす。

　たとえば，1では月曜日から金曜日までの放課後に，日替わりで国や地域の文化紹介イベントを企画する。単なる文化紹介ではなく，自分達で設定するテーマに沿った参加型の企画でなければならない。「ドイツのクリスマスマーケット」「中国の春節」「アメリカの大学生活模擬体験」「イギリスのカフェ」などを一から企画・実施する。プロジェクトの成果指標となる集客数も意識せねばならず，準備には広報活動も含まれる。

　2では，来日したばかりの留学生がホームシックにならないように仙台市内の外国料理店や食材店を丁寧に取材し地図形式で紹介したパンフレット作りや，生協との共同企画によるエスニック弁当の

企画・出食，東日本大震災後に減少した留学生を呼び戻すための仙台 PR ビデオ作り，留学生がメイドとバトラーに扮して校内に新しく出来たコーヒーショップを盛り上げるインターナショナル・メイドカフェの実施などがプロジェクトの一例である。

◆　**課　　題**

　履修者にはレポート 3 回，プレゼン 2 回（企画発表，最終報告）を課している。その他，プロジェクトの遂行に必要な課題は自分たちで整理し，役割分担して行う。プロジェクトに真摯に取り組み，より大きな成果を求めるチームの課題は必然的に多くなる。これだけ課題の多い全学教育科目は他にない，たった 2 単位なのに，と文句を言う学生もいるが，履修を取り消したり放棄したりする学生は毎学期ほとんどいない。レポートは，学期初めに立てた個人の学習到達目標を振り返り，達成度の低い目標項目への対策や新たな目標についてまとめる。最終レポートは，目標達成状況の振り返り，意識や行動の変化，つまり成長を点検する自己評価と授業を通して学んだこと，今後の大学生活やキャリア形成への応用等について総括する。企画発表，最終報告プレゼンの準備はチームで役割分担を決めて行う。発表者には必ず日本人と留学生両方を含めるよう指導している。

◆　**評価方法**

　3 回のレポート，グループ単位で評価する企画発表，最終報告，プロジェクトへの貢献度以外に，プロジェクトの成果も評価に含め

ている。レポートは日本人学生も留学生も同じ基準で評価するが，日本人学生の文章表現力は欧米の留学生に比べかなり劣るため，なるべく端的であってもこちらが求める情報を網羅した内容かどうかで判断するようにしている。一人ひとりのプロジェクトへの貢献度を正確に把握し，評価するのはむずかしいため，ピア評価を取り入れたり，学生がプロジェクトで使う SNS の交信履歴を確認したりしながら複眼的に評価している。平均して自己評価の高い留学生と控えめな日本人学生，自己表現力の高い文科系学生と作文が苦手な理系学部の学生が混在する中，チーム単位の発表や個人報告書だけではなかなか学生の成長は把握できない。学生のプロジェクトを支援する学生アドバイザーや TA と定期的にミーティングをもち，各チームの様子やプロジェクトの進捗を共有したり，授業外でも学生になるべく頻繁に声をかけ，協働が成り立っているかを確認したりしながら評価している。

◆ プロジェクトの成果

　2015 年の前期に開講した課題発見・解決型のプロジェクト 2 を例に挙げ，東北大学が直面する課題の発見，解決のためのプロジェクト企画，実施，新たな課題とその対策の順に紹介する。

① 課題発見

　初回の授業で配布した『東北大学学生生活調査 2013 年』と『東北大学留学生生活調査 2013 年』を比較し，課題を発見した学生数名が二回目の授業で賛同者を募り発足させたのが，「Club 2.0 プロジェクト」である。日本人学生を主な調査対象者とした『東

北大学学生生活調査』では，東北大学におけるクラブ・サークル
の加入率は約 85％であった。しかし，留学生を対象とした調査
では，加入率は 15％に留まった。2 つの調査は対象者も調査方法
も異なるので単純に比較はできないが，ある程度，東北大学の実
態を表している資料といえる。このチームは，「クラブ・サーク
ルに関して留学生の加入を阻害する要因が存在する」と判断し，
課題を解決するためにプロジェクトの目標を設定した。

② 目標設定とプロジェクトの企画・実施

　留学生のクラブ・サークル加入阻害要因を特定し，加入を促進
させるために，留学生 100 名を対象とした WEB 調査を実施し，
クラブ・サークル加入の是非，希望，関心のあるクラブ・サーク
ル，加入にあたっての心配事や加入を断られた経験などを調査し
た。次に，東北大学に登録している 200 近くのクラブ・サークル
に対し，留学生受入の可否とその理由をアンケートで調査した。
それらの調査結果をもとに，留学生が日本の大学のクラブ・サー
クルを正しく理解した上で，加入を検討できるよう，クラブとサ
ークル，それぞれの性質や加入条件，部室や活動場所，加入方法，
活動費などをまとめた英文のガイドブックを作成した。このガイ
ドブックは，完成度が高いと評価され，後に新入留学生のオリエ
ンテーションで配布されることになった。さらに，クラブ・サー
クル加入に対する不安を取り除くために，留学生が相撲部に体験
入部するという設定の動画を製作し，YouTube で公開した。次に，
留学生の受入に対する理解を求めるために，クラブ・サークル長
との懇談会を企画した。懇談会に参加したのはたった 3 名であっ

たが，時間をかけて話し合い，クラブ・サークルの事情をより深く理解することができたとチームは満足した様子であった。

③ 新たな課題と対策

　プロジェクトがほぼ完成に近づいたころ，チームは大きな問題に直面する。大学の課外活動を所掌する学生支援課より，正規留学生は日本人学生と同様に加入できるが，交換留学生は対象から除外されていることを指摘される。大学は課外活動のための費用を入学時に4年間分一括徴収するのだが，交換留学生は1年もしくは半年間しか在籍しないため，そもそも費用を徴収する術がない。活動費を払わないから加入できない，というのがそのロジックであった。この事実にチームは愕然とし，一気に士気は急降下した。筆者も交じって，話し合いを重ね，プロジェクトとして活動費徴収のシステムの是正を大学に働きかけることで合意した。最終的には教育・学生支援を統括する理事に面談し，要望書を提出した。理事は改善に向けた努力を約束したばかりか，クラブ・サークルの代表者が集まる会合にチームを招き，留学生の受け入れに柔軟に対応するよう呼びかけてくれた。プロジェクト企画時には想定していなかった新たな問題や困難にも臨機応変に対応し，予想以上の成果を挙げることができた。

◆ **授業実践における工夫**

　英語によるプロジェクトを取り入れたPBLであるため，学生のみならず授業担当者にとっても，毎学期，予期せぬことへの対応を迫られるPBLの連続である。試行錯誤を重ね，少しずつ改善を図

りながら実践しているが，以下にその一部を紹介したい。

① 学生主体の学習の奨励と教員のファシリテーターとしての役割

　　PBL における「課題」を発見するのも，その解決策を提案し実行するのもすべて履修者である。つまり授業の主体は学生にあり，授業担当者は学生のプロジェクトを補佐するファシリテーターに徹せなければならない。ゆえに，学生がどのような企画を提案しても決して「NO」とは言わないことにしている。授業中は，各チームを渡り歩き，進捗状況を確認しながら，相談にのり，また必要だと判断すれば助言を行う。なるべく質問形式の「介入」を心掛け，何を（what）なぜ（why），どこで（where），どのように（how），誰が（who）を中心に尋ねるようにしている。たとえば，「〜をしたいと思うのですがいいですか」と許可を求める学生には，なぜしたいのか，それがどのようにプロジェクトの進展につながるのかを問いかけ，自分で考える習慣を促す。過度な助言や援助は敢えてせず，軌道修正可能な範囲であれば挫折を経験させる。自ら失敗しなければ納得せず，課題を乗り越えようとする活力が湧かないためである。

② 目標に「協働」を盛り込む

　　多文化混成チームでプロジェクトを遂行するにあたり，言語やコミュニケーション，協働作業に対する考え方やワークスタイルの違いが文化摩擦を引き起こす。日本人学生は留学生の無計画さや時間管理，また自己主張に戸惑い，留学生は英語の運用能力が低く，意見を言わずに傍観する日本人学生に落胆する。不満を抱え葛藤しながらも，互いを理解し協力しなければ，最終目標であ

121

る「プロジェクトの成功」にたどり着けないのだが，1学期にという期間はあまりにも短すぎる。そこで，最近は「言語・文化背景の異なるチームメートとうまく協働する」を学習到達目標の一つに掲げ，将来，多国籍企業で成功するためのスキルを身につける機会であると補足している。最初は双方とも仕方がないと試練を受け入れるが，次第に日本人学生は留学生の独創性や行動力を評価し，留学生は一度チームで決めたことを最後までやり通す日本人学生の勤勉さや責任感に敬意を払うようになる。最終的にはそれぞれの強みを生かしながら協働するようになる。

③ 個人の成長とプロジェクトの成功の区別化

　授業ではプロジェクトでさまざまな障害を乗り越え成長する学習者の「学び」のみに注目するのではなく，プロジェクトの完成度つまり成果をも重視する。成果が伴うことで学習者の目標達成感や自己効力感は増し，さらなる自己成長へのモチベーションが高まるためである。実社会の厳しさを取り入れることで，学生のTransferable skills，つまりどのような職場でも生かせる能力の向上を図るようにしている。成果は授業やチームで設定した目標に対する達成度で評価し，学生個人の成長は，授業の初日に立てた目標に対する達成度と内省やあらたな課題設定として評価するようにしている。

④ 学生アドバイザーの活用

　履修者が多い時は70名以上を超えることもあるため，一人ではとてもすべてのプロジェクトの進行や学生の躓きに目が行き届かない。そこで，過去に授業を履修し，かつ優れた成績を修めた

高年次の学生を「学生アドバイザー」として活用している。授業に関して，またプロジェクトの進行や多文化環境での協働について予備知識があり，履修者に的確なアドバイスが出来る彼らの存在は授業に欠かせない。アドバイザーには，特に英語でのプロジェクト進行に戸惑い，議論に参加できずにいる日本人履修者の支援や，課題の提出期限など重要事項のリマインダーなども担当してもらっている。授業担当教員とアドバイザー達で定期的にミーティングをもち情報を共有しながら，チームで学生プロジェクトを支える体制を取っている。

⑤ 学内外における協力者の確保

　通常とは異なる形式で授業を行い，また教室外での活動もあるため，学内外で授業やプロジェクトの理解者，協力者を確保するようにしている。学生が企画するプロジェクトへの理解が得られず，学生が批判されたり，授業担当者に直接，苦情が寄せられたりすることもある。アイデアマンの留学生とそれに触発された日本人学生が企画するプロジェクトは往々にして奇想天外で理解されにくいのだが，困難に直面する度に，このPBL型授業の意義や，学生が大学コミュニティや地域社会と連携しながらともに学ぶことの重要性を忍耐強く説いてきた。穏やかに一学期が終わることは少ないが，徐々に理解者も増えてきている。不要なトラブルを回避するために，例えば，学生が学内外で掲示，配布する案内には必ず当事者以外に，授業名と責任者である筆者の連絡先を入れるよう徹底している。苦情対策という側面だけでなく，授業のプレゼンスを高め協力者の輪を広げることもその目的だ。

第4節 　学生の学び

　一学期間という限られた時間内で一定の成果を出すために，学生らはチーム一丸となりプロジェクトに取り組むが，前述のクラブ・サークルプロジェクトのように，実にさまざまな試練に直面する。たとえば，大学生協に，国際色豊かな弁当メニューの共同開発をもちかけたチームは，食材や価格，調理法を巡って，厳格な基準を設けている生協と折り合いがつかず，十数回にわたる交渉を強いられる。別のチームは，仙台史上最大規模の国際ピクニックを企画したが，大学の学生支援課から食中毒の危険性や会費の徴収が営利活動とみなされるおそれがあるため，企画の中止を迫られた。あわてて区役所の保健衛生課に走ったり，食中毒防止のための調理担当者向けのガイドラインを作成したり対応に右往左往する結果となった。また，ピクニック参加費の徴収は認められたものの，参加人数が目標の100人を下回れば赤字となる体制で準備をしていたため，チームは皆，必死で企画を魅力あるものへと洗練させ，さまざまな広報媒体にて集客を図らなければならなかった。また，大学内にある，世界展開を図るコーヒーショップ・チェーン店に，国際色豊かなメイドカフェの期間限定開催企画を持ち掛けたプロジェクトチームは，交渉を重ねた結果，晴れて実施の確約にこぎつけた。しかし，イベント開催日の2週間前にコーヒーショップの本部担当者が代わり，企画が振り出しに戻るという災難に見舞われた。

　実社会では，このようなハプニングは珍しくもないが，学生にし

てみれば青天の霹靂の連続で，振り返りレポートに，「一難去って
また一難，よくここまで次から次へと問題が押し寄せるものだと感
心さえする」と嘆く。もともと初心者が集まり企画・遂行するプロ
ジェクトで，授業担当者もなるべく口を出さないようにしているの
で当然といえば当然だが，もうこれまでか，と思うことも何度かあ
った。しかし，内容やアプローチを見直し，粘り強く解決策を模索
する過程で学生は大きく成長する。さらに，困難を乗り越える経験
はチームの結束力を高め，学生に言語や文化を超えた協働の価値を
認識させる機会にもなる。試練の後の成果が，学生にとって重要で
あることはいわずもがなであろう。前述の例に戻ると，国際弁当チ
ームは，交渉を繰り返し，最終的には自分達が企画した多国籍弁当
が大学の売店で販売され1時間以内に完売した。国際ピクニックチ
ームが企画したイベントには200名近くの参加者が集まり，文字通
り，仙台史上で最も大きい国際ピクニックとなった。国際メイドカ
フェチームは，旧担当者をしつこく追いかけ，後任への説得を依頼
し，イベントの開催にこぎつけた。最終的に，20％の集客，売り上
げ増を記録しコーヒーショップに感謝された。大学のHPで紹介さ
れたこの取り組みがチェーン店本社の知るところとなり，大学に出
店した店舗の理想像として社内広報誌で紹介された。学生らが当初
目標としていた学内の異文化意識の向上以外の成果を挙げることが
できたのである。このように，失敗体験から学び，プロジェクトを
成功に導くことで学生は達成感と自信を手に入れる。これが国際共
修授業の学習効果である。

　学生の学びや成長を確認するために，これまでさまざまな成果測

定を試みた。異文化・自文化理解や多様性の受容，言語・コミュニケーション力，プロジェクト実行力等に対する学生のコンピテンシーの変化などがその一例である。授業に特化した自己評価シートを開発し，授業前と授業後に実施している。それぞれの項目において学生の意識や行動力に変化が見られるが，なかには，実際にプロジェクトを行う中で異文化間協働の難しさや自身のコミュニケーション能力の低さを痛感し，授業後の自己評価が下がってしまうケースもある。また，学生らは，筆者の授業以外でも多様な経験を積んでいるので，成長がプロジェクトに起因するものであるかの特定もむずかしい。多文化共修や学習成果評価を専門とする海外の研究者にも助言を求めたが，授業を履修していない学生群との比較研究を通してなら一定の効果は実証できるが，この授業の体験だけを切り離した効果測定には限界がある。学生のレポートなどを対象とした定性的手法の方が適しているのではないかという意見が多かった。効果測定は容易ではないが，引き続き模索を続けたい。

第 5 節　課題と展望

　日本における国際共修はまだ歴史も浅く，理論に基づいた体系だった教授法が確立されているとはいいがたい。授業のテーマ設定，教材選択，指導言語，教育介入の形態や頻度，効果的なグループ学習の導入，課題，評価方法のみならず，学生の主体性や自発性を奨励する環境づくりなど，学生間の交流を学びにつなげるための仕掛けづくりをより深く掘り下げ研究する必要がある。これまでは，国

際共修の実践者がそれぞれ試行錯誤を繰り返しながら，職人芸的に教授法を独自開発してきた。そのため，経験知が個人もしくは限られた教育実践者間に留まってしまう可能性も高い。今後は，国内外の国際共修実践者がグッドプラクティスや授業改善の試みを共有する機会を作り，研究を通じて教育実践の効果検証を行い，その結果をさらに教育改善に結びつける PDCA を意識した取り組みを教授法の確立につなげたい。異文化コンピテンシーの向上を目的とした学習体験はグローバル・シティズン（地球市民）教育の基盤となるため，異文化教育科目にとどまらずあらゆる教育実践に導入されるべきであると Barrett et. al（2014）は説いている。「異」に対する理解と受容，「自」の認識と考察を，新たな価値観の創造へとつなげる学習体験，国際共修がグローバル人材育成の一役を担うことは間違いないであろう。

【引用・参考文献】

加賀美常美代（1999）「大学コミュニティにおける日本人学生と外国人留学生の異文化間接触促進のための教育的介入」日本コミュニティ心理学会『コミュニティ心理学研究』第 2 巻第 2 号，pp. 131-142.

加賀美常美代（2006）「教育的介入は多文化理解態度にどんな効果があるか—シミュレーション・ゲームと協働的活動の場合」異文化間教育学会編『異文化間教育』24，アカデミア出版会，pp. 76-91.

末松和子，阿蘿娜（2008）「異文化間協働プロジェクトにみられる教育効果」異文化間教育学会編『異文化間教育』28，アカデミア出版会，pp. 114-121.

中野はるみ（2006）「異文化教育における留学生の役割」『長崎国際大学論叢』第 6 巻，pp. 55-64.

Barrett, Marty; Byram Michael; Lázár, Ildikò; Mempoint-Gaillard, Pascale; and Philippou, Stavroula（2014）*Developing Intercultural Competence through Education*, Strasbourg: Pestalozzi Series No. 3, Council of Europe Publishing

Leask, B. (2009) Using Formal and Informal Curricula to Improve interactions between home and international students, *Journal of Studies in International Education*, vol. 13, no. 2, 205–221.

Leask, B, & Jude Caroll (2011) Moving beyond 'wishing and hoping': internationalization and student experiences of inclusion and engagement, *Higher Education Research & Development*, vol. 30, no. 5, pp. 647–659.

第 5 章

学びを深める多文化間グループアプローチ： 名古屋大学の正課内外における実践

　名古屋大学には現在 1,907 人[1]（2016 年 11 月現在）の国際学生が在籍しており，将来的には 3,000 人への増加を目指している。学内にはハードウェアとして，国際学生宿舎などの整備が進められており，加えてソフトウェアとして国際教育交流センターの新規教職員の採用，関連する授業の開講および学生の支援体制の改善に取り組んでいる。もともと名古屋大学では 1990 年代に国際学生と国内学生とが学び合えるような授業が開講され，それ以降，国際教育交流センターを中心として，授業のノウハウの蓄積がなされてきた。本章では，名古屋大学における「多文化間共修授業」のコース設計，授業内容，学生の学び等について紹介するとともに，新たに開講された同授業の英語バージョンや課外活動としての少人数・ディスカッションベースによる取り組みについて紹介する。

第 1 節　多文化間共修授業「留学生と日本 —異文化を通しての日本理解—」

1. 背　景

　名古屋大学では，教養科目「留学生と日本—異文化を通しての日本理解—」という多文化間共修を目的とした授業が 1996 年から現

在まで開講されている。キャンパスには多くの国際学生が在籍しているが，国際学生と国内学生が出会い，共に共通の課題を目標としてチームとして取り組む授業の機会は未だに少ない状況にある。この授業のねらいは，国際学生と国内学生の「出会い」の場を提供し，ディスカッションやグループ活動を通して，両者の日本に対する理解を深めることにある。多くの学生が授業を受講できるよう，正規学生だけではなく，日本語・日本文化研修生，短期交換留学生，日韓共同理工系学部留学生も講義を受講できる仕組みになっている（名古屋大学留学生センター，2003）。本授業は，名古屋大学国際教育交流センター，国際言語センター教員数名（2014年度は，浮葉正親，渡部留美，田所真生子，髙木ひとみ）が共同で開講している。以下では，2013年度および2014年度の授業実践を中心にまとめる。

2. 目的・目標

本授業では，国際学生と国内学生が積極的に関わり合い，ディスカッションや協働作業を通じて，日本文化や社会に対する理解と相互の理解を深めることを目的としている。さらに文化をもつ人びとが共に生きることの意味を考えなおし，多文化共生のあり方を模索することをねらいとしている（田中・浮葉，2014）。具体的な学習成果の到達目標は，以下の3点である。

(1) 授業におけるディスカッション，協働作業を通して，日本文化や社会に対する理解を深める。
(2) 多文化間グループにおけるディスカッションや協働作業を通

　　して，多様な文化背景をもつメンバーと共に作業を進める際，

　　必要とされる姿勢やスキルに気づき，高める。

（3）授業からの学びを日常生活，留学生活，そして将来の異文化

　　体験や留学などに活かせる力を身につける。

3. 開講学期・受講者

　本授業は，全学教養科目「留学生と日本」の授業として位置づけ
られ，毎年後期に開講されている。使用言語は日本語としている。
正規学生は国内学生も国際学生も学部 2 年生以上が受講でき，その
他に日本語・日本文化研修生，交換留学生，日韓共同理工系学部留
学生が受講している。受講者数は例年 50 名前後で，半数以上が国
際学生である。

4. 授業スケジュール

　本授業では，全 15 回の授業を，表 5-1 のように第 I 期から第 III
期の三部に分けて構成している。第 I 期の主な目的は，講義や多文
化間グループにおけるディスカッション等を通して，文化や他文化
に対する気づきを高めることにある。第 II 期の主な目的は，実際に
国際学生と国内学生によるグループ活動を体験し，日本文化・社会
をテーマに発表することを目指す。第 III 期は，本授業での学びを深
め，日常生活や留学生活に活かせるよう，グループ活動の振り返り
や授業全体の振り返りを行う。

表 5-1 「留学生と日本」授業スケジュール（2014 年度）

第Ⅰ期	多文化に対する気づきを高める　（導入） 第 1 回：オリエンテーション（「伝えたい日本文化」「知りたい日本文化」） 第 2 回：アイスブレーキング（人間ビンゴ） 第 3 回：留学生と日本社会（ケーススタディ） 第 4 回：異文化との出会い（異文化体験シミュレーションゲーム）
第Ⅱ期	多文化間グループ活動の実践と日本文化・社会の探求　（体験学習） 第 5 回：グループ活動について 第 6 回 - 9 回：グループ活動（発表準備） 第 10 回 - 12 回：グループ発表と討論
第Ⅲ期	学びを未来につなげる　（振り返りと応用力の育成） 第 13 回：グループ活動から学ぶ，レポート提出について 第 14 回：留学経験から日本を考える 第 15 回：授業全体の振り返り・まとめ

5. 授業内容と工夫

　授業では「多文化間グループ活動」を柱として位置づけ，その「体験」からの学びが促進されるよう導入部分の内容や振り返り部分の方法を工夫している。教員は「教える」という立場ではなく，学生たちが主体的な関わりの中から，「気づき」「学び」「内省し深め」「応用力」をつけることができるよう，ファシリテーターとしての役割をつとめ，課題を設定して学習環境を整備する。以下に各期での授業内容について詳述する。

第Ⅰ期：導入：多文化に対する気づきを高める

　初回では，オリエンテーションを行った後に「伝えたい日本文化」「知りたい日本文化」をテーマに模造紙とポストイットを用いてグループで話合い，全体で共有する活動を行った。第 2 回では各受講

者の自己紹介とともに，アイスブレーキングとして「人間ビンゴ」という交流活動を行う。「人間ビンゴ」とは，ビンゴのマスに文化に関連した質問を書き，当てはまる人を探すゲームである。たとえば，「食事の前には必ずお祈りまたは決まった言葉を言う。名前：○○○○○，言う言葉：○○○○○」，「母国では結婚式は段階を経て数日間行う。名前：○○○○○，出身国：○○○○○」というような質問をビンゴシートに25問用意しておく。「人間ビンゴ」シートを用いて，受講者たちは互いに質問しあいながら，ビンゴになるよう目指す。ゲームを通して，文化の違いについて学び合えるような活動となっている。ゲームが終った後には，「文化の定義」について触れ，この授業全体を通して，「文化」の見える部分の違いだけではなく，「文化」の見えない部分や深い部分にまで目を向けていく必要があることを確認している。「人間ビンゴ」の詳しい例は，名古屋大学の授業（オープンコースウェア：http://ocw.nagoya-u.jp）に掲載されている。

　第3回では，国際学生の日本における異文化体験や留学生活について，国内学生が理解を深めることができるようなケーススタディを用いて，小グループでディスカッションを行った。受講者間に日本語能力の差があるため，小グループで，ケーススタディを進める過程の中で，言語面におけるサポートについても配慮するよう伝えている。第4回では，異文化体験シミュレーションゲーム「バーンガ」を用いて，疑似異文化体験を通して起こりえる「認知」「感情」「行動」の変化に気づき，どのような工夫をすると異文化間における葛藤や摩擦などを乗り越えられるかを検討する機会を作る。

毎回授業の最後に，リフレクションペーパーを用意し，授業での学びや感想を記入する形式を取っている。第Ⅰ期のアイスブレーキング，ケーススタディ，異文化体験シミュレーションゲーム等を通して，学生たちは自文化と他文化の違いについてさまざまな観点から理解を深めることができるようになっている。これらの基本理解が次の段階の授業（第Ⅱ期）に向けた準備となる。

第Ⅱ期：体験学習：多文化間グループ活動の実践と日本文化・社会の探求

第Ⅱ期では，実際に多文化間グループ活動を体験しながら，共に日本文化・社会について調べ発表するという課題に取り組む。第5回の授業では，グループ活動の課題について，グループメンバーの発表，アイデアの出し方やブレインストーミングの方法，そしてチーム作りのヒント等について説明した後に，各グループでテーマについて話し合う。第6回から9回にかけては，グループでの協働作業に時間をかける。テーマを設定するのに時間のかかるグループもあり，授業外の時間も使って準備を進めるグループもある。毎回の授業時間の中でグループ活動が順調に進むよう，グループ活動に関するワークシートを配布する。さらに授業では，各グループの進捗状況を報告しあう時間をとる。

グループ発表のテーマは，多様である。たとえば「営業時間の違い」「ゴミに見る日本文化」「日本のトイレ」「お見舞いの方法やマナーの違い」「若者の恋愛傾向」「サークルと部活の違い」などがここ数年のテーマとして挙げられる。第10回から12回では，グルー

プ発表が行われる。発表方法は，インタビューやアンケート結果を
用いたり，フィールドワークを行ったり，インターネットや文献等
を検索した結果を劇で紹介したりなど，各グループの工夫が凝らさ
れている。

第Ⅲ期：振り返りと応用力の育成：学びを未来につなげる

　第Ⅲ期は，多文化間グループ活動における「体験」の振り返り，
授業全体の「振り返り」，そして「留学経験」を聞くことによって，
学生自身が授業での学びを日常生活や将来に向けて応用できるよう
な活動内容となる。

　第 13 回では，グループ活動に関する振り返りアンケートをもとに，
その結果をクラス全体で共有し，小グループでディスカッションを
行う。振り返りアンケートでは，グループ活動における役割，工夫
した点，貢献度，グループ内コミュニケーションでうまくいったと
ころ，むずかしかったところを中心に，グループ活動を通して気づ
いたことや学んだことを記入する。アンケートを 12 回目の授業で
記入し，結果を 13 回目の授業で，全体に共有し，他のグループの
実践や体験についても理解をした上で，さらなる振り返りディスカ
ッションへと進める。振り返りディスカッションでは，受講者が自
由に話せるよう第Ⅱ期のグループ活動メンバーとは重ならないよう
に組み，他グループのメンバーと共に振り返られるようにしている。
振り返りのディスカッションにおいては，グループ活動でうまくい
かなかった点についても，反省にとどまらず，建設的な意見を生
み出せるように工夫する。教員も必要に応じて話し合いに参加し，

学生たちの学びが深まるようにファシリテーションを行う。

　第14回の授業では，名古屋大学国際教育交流センター海外留学部門の教員に依頼し，名古屋大学における留学プログラムの紹介，海外留学を経験した国内学生による留学体験のプレゼンテーションが行われる。国際学生にとっては，国内学生の海外留学体験を聞くことにより，自分たちが「今」体験している留学を振り返ることができ，多くの刺激を受ける機会となる。国内学生の受講者にとっては，将来の留学や海外経験に向けてイメージを作ることのできる機会となる。第15回の授業では，授業全体の学びについて振り返るアンケートを配布し，全体で共有する機会を設ける。

6. 評　価

　授業の評価は，出席15％，クラスへの参加度20％，グループ発表30％，グループ活動への貢献度10％，レポート25％の割合で総合的に評価する。グループ発表の評価は，5つの観点により教員（15％）と学生（15％）の持ち分で評価を行う。クラスへの参加度やグループ活動への貢献度は自己評価としており，点数の付け方に個人差が見られる。評価方法については，今後改善する余地があると考えている。

7. 受講生の参画と成果

　受講生の授業に対する参画は活発であるといえる。個人差はあるが，日本語を主な使用言語としているため，グループ活動においては国内学生がリーダーシップを発揮する場面が多い。授業全体のデ

ィスカッションや質疑応答では，国際学生の方が活発に意見交換する姿が見られ，国内学生と国際学生は互いに刺激を受けているようである。

　本授業は，体験学習や参加型の授業形態がベースになっているため，その授業形態に馴染みのない学生たちにとっては，当初は驚きや戸惑いなども見られるが，授業が進むにつれて多くは適応していく。国際学生の中にも参加型授業の経験が少ないものもいるが，本授業の経験によって，その後も積極的に参加型授業を履修する学生もいる。授業全体としては，国内学生と国際学生が出会い，実際に協働作業を通じて，多文化間のメンバーによる活動を進めることのむずかしさ，楽しさ，面白さ等を感じながら，学びを深めている様子が見られる。以下は，最終日に学生たちが提出したアンケートの自由記述からの抜粋である。

　授業を通じて，様々な国の学生たちと話し合い，一緒に課題を進めながら，皆が相手を考え，配慮しようとすることがとても印象的で，相手を個人として認め，尊重するのは，皆一緒だと思いました。私もこれからは相手のことを考えながら，発言や行動しようと思いました。またグループ活動をしながら，グループ内での自分の位置づけやグループを円満にするために，自分にできることは何かについて深く考える機会となりました（国際学生）。

　この授業の方式に慣れていなかったので，最初はすこしきつかったです。授業が進むにつれて少しずつ慣れていって，楽しくな

りました。考え方が違う人たちとグループになって難しいことも
ありましたが，解決策を探したりする過程で，少し成長した気が
します（国際学生）。

　同じ出身国でも考えの異なる人や別々の出身国でも似た感性の
持ち主など，見た目や文化にとらわれない内面のことまで配慮し
て，どう接してどう考えていけば良いかのヒントが得られました
（国内学生）。

　外国人の友達をはじめて作ることができました。文化や価値観
が違っても理解しようとすればお互いの気持ちを伝え合えるんだ
と思いました。この機会を活かして，これからも海外の人との人
脈を増やしていきたいと思います（国内学生）。

8. 今後の授業展開に向けて

　本授業では，日本語の言語運用能力が学生によって異なる。国際
学生にとっては，日本語によるディスカッション，プレゼンテーシ
ョン，レポートがあるため，難易度の高い授業となっている。国内
学生にとっては，リーディングの課題や講義等を取り入れて，知識
レベルでの理解を補完することも求められる。国際学生，国内学生
のニーズを調整しながら，課題設定については適宜検討・修正して
いく必要がある。

　本授業の活動を通して，受講学生たちは到達目標としている学習
成果をおおむね達成していると考えられる。しかしながら，第Ⅰか

らⅢ期までの段階を経て，学生たちがどのような力を実際に習得しているかについて詳細な分析は行っていない。今後は授業を受講した学生たちにインタビュー調査やアンケート調査を継続して行い，さらなる授業改善につなげていきたいと考えている。

第2節 多文化間共修授業 "Exploration of Japan: From the Outside Looking Inside"
（「留学生と日本―異文化を通しての日本理解―」英語版）

　名古屋大学では，英語による授業数を増やしており，1項の「留学生と日本―異文化を通しての日本理解―」を2014年度前期から英語で開講している。授業内容は，ほぼ同じ教材や手法を用いている。以下では，英語による多文化間共修授業の実践においてとくに工夫した点，さらに今後の授業展開に向けて課題や展望等について述べる。

1. 英語による授業の「グラウンドルールづくり」

　2014年度の "Exploration of Japan: From the Outside Looking Inside" の授業は，名古屋大学国際教育交流センターの教員4名（星野晶也，今井千春，田所真生子，髙木ひとみ）で担当した。受講者は，国際学生が12名，国内学生が14名で，計26名であった。授業履修の際に，特に英語レベルの条件等は設定しなかったため，学生間の英語の言語運用能力に違いが出ることは予想できていた。そのため授業の導入において，World Englishes（Kachru & Nelson, 2006）の考え方を紹介し，実際に学生たちが外国語を使用する際の不安感

と異文化体験・留学体験についてディスカッションする機会を設けた。国内学生は英語を用いるときの不安感，国際学生は日本語による授業の不安感や日常生活での困難等について意見交換した。次に，授業をよりよく受けられるようにするために，受講者間で改善できる点などについてアイデアを出し合う。学生たちから出された提案を，授業の「グラウンドルール」として，授業を開始する。この作業を導入したことにより，英語がネイティブレベルにある学生，また得意な学生たちは，自分たちの使う「英語」を客観的に見て，どのように伝えたら国内学生たちが理解しやすいかを考えながら，コミュニケーションを取るよう配慮するようになる。また，英語でコミュニケーションを取ることが苦手な学生たちは，間違いを恐れず，積極的に関わることの重要性について学ぶ機会ともなった。

2. 言葉を超えた部分での学び合いの促進

　本授業は英語で行われるため，ディスカッション，グループ活動，授業中の発言等においては，国際学生の方がリーダーシップを発揮する場面が多い。しかしながら，実際のグループ活動においては，英語のコミュニケーションにおいてむずかしさを経験している国内学生たちが，言葉数は少ないが，責任をもってグループでの活動や役割を果たそうと取り組んでいる。それがまた言語の運用能力を超えたところでお互いの力を認め合う契機ともなっている。活動全体を通して，「言葉」を交わす部分だけでなく，相手がどうプロジェクトに関わろうとしているか，また相手のワーキングスタイルや姿勢，行動等を観察し理解しながら，グループを運営していくことの重要

性を学生たちは学んでいる。授業者は「言葉」を超えた部分で学んだことや気づいたことについて，率直に意見が出し合えるよう，十分に時間をかけて，学生から意見を引き出しコメントしながら進めている。

3. 今後の授業展開に向けて

「留学生と日本―異文化を通しての日本理解―」の授業と同じように，講義，ディスカッション，グループ活動，レポート等の課題を学生の英語能力に合わせて課すか，という部分で課題が残っている。現在の授業設計では，英語で他の授業を履修している国際学生にとってはもの足りなさを感じ，国内学生にとっては，難易度の高い授業となっている。ただ本授業を履修する多くの国内学生たちは，海外留学が決定していたり，希望しており，英語による授業を履修するモチベーションは高く，あきらめずに取り組もうとする姿が見られる。国際学生の多くは，知識面においてハイレベルな授業を求め，そして多くの国内学生たちが英語を用いて，異文化間コミュニケーション能力を高めたいというニーズをもつ中で，双方のニーズを調整しあいながら，今後の授業展開を試みていきたいと考えている。

第3節 多文化間共修プログラム 「多文化間ディスカッショングループ」

1. 背 景

名古屋大学では，2005年より国際学生の適応援助，国際学生と国内学生の相互理解，そしてキャンパスにおける学生の居場所づく

りを目的に,「多文化間ディスカッショングループ」という教育プログラムを実施している。同プログラムは,ミネソタ大学で1980年代から国際学生を支援することを目的に開始されたサポートグループ活動[2](International Student and Scholar Services, University of Minnesota, 2015, 髙木・平井 2008)である。ミネソタ大学における先行事例に学び,名古屋大学においても授業外の時間を活用した学生の自発性を尊重する多文化グループ活動の場づくりに取組み,プログラムの開発および実践を行ってきた。本プログラムは毎学期開催しており,国際教育交流センター教員数名(2015年度前期は教員2名,酒井崇,髙木ひとみ)と学生アシスタントで運営している。以下では,本プログラムの目的,概要,運営方法についてまとめ,その成果や今後の可能性や課題について検討する。詳細については,髙木(2014)を参照されたい。

2. 目 的

　多文化間ディスカッショングループは,国際学生と国内学生が定期的に集まり,ディスカッションを通じて多文化理解を深め,互いに支え合い,学び合えるような関係を構築することを目的としている。具体的な目的は,以下の4点である。

（1）国際学生の異文化適応や文化理解の促進

（2）国際学生と国内学生の相互理解,信頼関係,友人関係の構築

（3）学生の留学生活や学生生活における適応援助

（4）学生の異文化間コミュニケーション能力・多文化間関係調整
　　能力の育成

3.　概　要

名古屋大学における多文化間ディスカッショングループの概要は，表5-2の通りである。

表5-2　多文化間ディスカッショングループの概要

対　象	名古屋大学に在籍する学生
定　員	8～12名
目　的	・国際学生の異文化適応や文化理解の促進。 ・国際学生と国内学生の相互理解，信頼関係，友人関係の構築。 ・学生の留学生活や学生生活における適応援助。 ・学生の異文化間コミュニケーション能力・多文化間関係調整能力の育成。
グループ設定	毎学期グループ参加をポスター，メール，ホームページの案内で呼びかける。基本的に週に1回（90分）の開催で，7～9回で1クールを終える。毎回同じメンバーで対話するクローズドグループの形式を取っている。会場は，国際教育交流センターの教室を使用。リラックスして過ごせるように飲み物を用意し，お菓子は学生がローテーションで持参する。
言　語	主に日本語を使用するグループ，主に英語を使用するグループ，適時言語サポートをしあうグループなど，学期ごとに様々なタイプのグループを試している。
参加費	無料
事前面談	グループ参加前に申込者には事前に1度，面談（pre-group interview）を行う。ポスターには「事前に円滑に準備するために，話合いの機会を設けています」と記載。事前面談（15分～30分）の内容は以下の通りである： 1）申込者のグループ参加の動機，2）グループの流れや様子の説明，3）申込者の異文化体験や国際交流の経験，4）グループ運営におけるガイドラインの説明（欠席連絡のお願い，他メンバーのプライバシーを守ることなど），5）申込者からのグループについての質問，6）その他，学生生活の話や質問等。
ファシリテーター	国際教育交流センター教員と学生アシスタント

多文化間ディスカッショングループ ガイドライン（グループに参加する際のルール）	1回目のセッションでは下記のような多文化間ディスカッショングループのガイドラインを配布し説明をする。 ・ここは，みんなが話す機会を得られる場（でも話したくないときは話さなくていい）。 ・他の人が話しているときは，話を聴き，なるべく中断しないようにしよう。 ・何か話すとき，話すことが頭の中でまとまっていなくても話して大丈夫！　頭に浮かんだことを共有していい場。 ・他の人と違う考え，気持ち，アイデアがあっていい。それを共有していい。 ・何が正しいか，間違っているかを決める場ではなく，互いの視点や気持ちを尊重しあおう。 ・プライバシーを守ろう（特にグループの外で）。 ・みんなで楽しもう！ （University of Minnesota, Cross-Cultural Discussion Group Discussion Guideline を髙木が加筆・修正し使用）

出所）髙木，2014 を加筆・修正

4. プログラム運営と工夫

◆ 事前面談の目的と効果

　多文化間ディスカッショングループを開始する前の事前面談は，① 申込者のグループに参加する動機とグループが提供できることのマッチングをみる，② グループの流れについて説明し，グループ体験の適応を促す，③ 毎週参加できるかどうかの確認，などを目的に行っている。申込者の参加ニーズが異なる場合には，丁寧に説明をして他のプログラムを紹介することもある。事前面談は，申込者がグループ体験についてある程度理解した上で参加し，グループの途中で抜けることを予防するために実施している。さらに事前面談の場で，特に国際学生には，「最近の学生生活はいかがですか」と尋ねるようにしている。進路，入試，研究に関する悩み，就職活

動に関する情報不足などを打ち明ける学生も多く，必要な情報提供
と情報共有を図りながらグループ活動を進める。

◈ **多文化間ディスカッショングループの全体の流れと**
 テーマ設定について

　多文化間ディスカッショングループの 1 回目および 2 回目のセッ
ションでは，名札の作成，自己紹介アクティビティー，多文化間ディ
スカッショングループガイドラインの確認，ディスカッションテー
マのブレインストーミングが活動の中心となる。テーマに関する
ブレインストーミングでは，各自で大きめの付箋に関心のあるテー
マを書き出した後，グループ全体でテーマの内容について少し説明
を聞きながら，画用紙や模造紙上で分類しまとめる。毎回，テーマ
全体が見渡せるように紙は教室のホワイトボードに貼り，どのテー
マを扱いたいかを参加者と検討する際に用いる。

　3 回目から 8 回目は，参加者が選んだテーマに基づいて，ディス
カッションを行う。扱うテーマとしては，話しやすいテーマ（文化
に対する素朴な疑問，世界のマナー，外国語の学び方，ジェスチャー，
母国・日本の好きなところ，海外・日本のおすすめの場所，私の専門自
慢等）などを導入とし，互いの関係性が少し構築されてから深いテー
マ（多文化環境における友人関係，将来の夢，文化アイデンティティー，
ジェンダー，いじめの問題，国ごとの恋愛観，自分自身成長したいところ，
日本人の良さ・変わるべきところ等）を扱うよう配慮する。

　最終回では，グループ全体の振り返りを対話とアンケートシート
を用いて行う。また，最終回後には学生が主体的に食事会を企画す

ることが多い。レストランに行ったり，持ち寄りパーティーを行う
などして，セッションのエンディングを迎える。このことはセッシ
ョン後も継続した人間関係を保つ上で重要な時間となっていること
が参加者の感想からも示されている。

◆ チェック・イン：シンプル質問「最近どう？」とチェック・アウト「ひとこと感想シート」

1回目および2回目のセッションで自己紹介アクティビティーを
行い，メンバー間の緊張がほぐれてきた頃合いをみはからって「チ
ェック・イン」を行う。グループワークやワークショップにおける
「チェック・イン」とは，参加者の緊張を和らげたり，気持ちを整
えたり，ウォームアップするために，参加者が一言ずつ自由に，あ
るいはテーマに基づいてコメントしてもらうことをいう。たとえば，
「今学期も中盤に入りましたが，みなさん最近はどうですか」，また
は「週末はどのように過ごしましたか」と尋ねてから，本格的なディ
スカッションに入る。参加学生からあまり発言がない場合には，
学生が話しやすくなるようにファシリテーターとなる教員やスタッ
フが自分の状況や気持ちなどを自己開示して，共有するようにつと
める。参加者間の信頼関係が構築され，親密化が深まってくると「チ
ェック・イン」の時間に，抱いている疑問や悩みなどを打ち明ける
ことも多く，互いにサポートしあう重要な時間がつくられていく。
過去のグループにおいても「チェック・イン」の時間帯に恋愛，家
族，進路，大学に関する悩みや疑問などを共有し，その話を聞いた
他のメンバーが建設的にコメントやアドバイスをしあい，支え合う

ような場面がよく見られた。また，学期末の期間が近づくと，学生たちの間では試験，進学，就職といった事柄について同様の不安感や徒労感を抱えていることが多く，それらについてメンバー間でも共有することが増える。自分自身の状況が特別ではなく，他の人も同じような経験をしていると捉えることで，ストレスを低減し，また個々のレジリエンスを高めることにもつながっている。このことについて参加者の感想のなかにも「学業や就活で忙しいときほど，この会に参加したくなった。自分を立て直すとても大切なホームベースだった」といった記述が認められる。

　各回の終了時に記述する「チェック・アウト」もまた重要な作業の一つとなる。多文化間ディスカッショングループでは「ひとこと感想シート」の小さな用紙を準備して，セッションの終わりに一言書いてから，感想を共有したい人がコメントし合うような時間を設けている。感想を聞くだけではなく，お互いにシートにコメントし合う機会を設けることによって，フィードバックが補完される。口頭では伝えにくいことでも，文章ならば書きやすいことがある。ファシリテーターにとっても，メンバーの関係性の深まりを確認する上で重要な作業時間となっている。

5.　多文化間ディスカッショングループの成果

　多文化間ディスカッショングループの実践を通して，グループ体験の成果を学生の感想，ファシリテーターおよびコーディネーターの視点からまとめておく。

◆ **多角的な視点や考え方を共有し，幅を広げることができる場**

　文化背景，学年，専攻分野の異なる参加者が，一つの同じテーマについてディスカッションを進めると，それぞれの立場からの意見や考えを共有する機会となり，互いに新たな気づきや発見を経験することができる。さらに，異なる国・地域や文化について知ることによって，自分の国や文化について再発見する機会にもなっている。国際学生も国内学生も上級学年や大学院生になると，専攻や専門の近い人との交流はあるが，異なる分野の人とのコミュニケーションの機会が減るという。多文化間ディスカッショングループに参加することにより，文化間の理解を深めるだけでなく，学際的な視野を広げる機会を提供することにもなった。

◆ **文化・学年・分野を超えた留学生活や学生生活における**
　学びあいと支えあいの場

　多文化間ディスカッショングループは，主に国際学生の異文化適応援助を目的に始めた経緯をもっているが，国内学生も国際学生から多くのことを学び，学生生活を支えられる場面が多くある。あるグループでは，学部1年生の一般学生が，日頃から抱いている疑問ということで「大学で学ぶ意味は何なのか」「この先，どのような学生生活を送ったらよいか」という問いをグループのメンバーに投げかけた。その際，国際学生や国内の先輩たちが親身になって自分の考えや経験を共有し，質問をした学生は必要な情報や視点を得ることができ，当該学生はすっきりとした表情へと変化していった。留学生を支援することを目的に始めたグループであるが，実際には

148

文化・学年・分野を超えて，互いに学びあい，支えあうようなグループ活動となっている。

◆ **リラックスした環境で，互いの経験や気持ちを建設的に**
　受けとめあう場

　特に研究活動に励む大学院生たちは，アカデミックな目標を達成するためにストレスを抱いていることが多い。多文化間ディスカッショングループに参加し，リラックスした雰囲気の中で，互いに経験や気持ちを肯定的に受けとめあうような体験をすると，グループでの時間はとても新鮮で心が癒されると感想を述べる学生たちがいる。また，異なる考え方をもつ人の意見を尊重して聴く機会は貴重であり，「聴く」ことの練習になったという学生もいた。学業や研究の場を離れて，互いに批判せず，受けとめあう場が大学内に存在するということは，留学や学生生活を支える精神的拠り所となる。

◆ **「あなたは一人だけではない」というメッセージを受け取れる場**

　サポートグループの効果の一つとして参加者は「あなたは一人だけではない」というメッセージを受け取れる要素があるといわれている（高松，2009）。多文化間ディスカッショングループでも，日本語がむずかしく研究が進まない焦りを抱いているのは自分だけではないことや他のメンバーも同じように学期末のレポートや試験に追われ不安感を抱いている状況を知ると，「自分一人だけがこのような状況にあるわけではない」ということを理解し，安心して直面している課題に取り組もうとする学生たちの姿が見られる。自分一人

で取り組んでいるような気持ちから，同じように取り組んでいる仲間がいることを知り，その仲間の存在から力をもらい，前に進んでいく力を育むことができる。

6. 今後の展開に向けて

　名古屋大学における多文化間ディスカッショングループの取り組みの特色は，次の2点にまとめられる。第1に，大学の課外活動として実施されていることによって，学位プログラムの枠外における学びの場をキャンパス内に創出し，参加学生に異文化体験のなかでの自己成長を促す契機を提供していることである。第2には，学生間のピア・サポートを取り入れることで，学生の大学生活の適応を促す予防的・開発的プログラムとしての機能を果たしていることである。今後の運営の課題としては，言語使用とサポート方法の工夫，学生ファシリテーターの育成プログラムの改善が挙げられる。

◆ 言語使用とサポート方法

　参加者間の語学力は，日本語を用いるグループでも，英語を用いるグループでも異なるため，配慮や工夫が必要となる。わからないことがあったら気軽に質問したり，通訳を依頼しやすいような雰囲気づくり，ファシリテーターだけでなく，参加学生間でも言語面をサポートしあうような環境づくり，話すスピードの配慮など，工夫を重ねているが，さらなる改善策を模索している。丁寧に通訳を入れる場合，1コマ（1時間半）ではテーマに基づいた対話としては時間が足りず，2時間や2時間半ぐらいで設定すると，もう少し深

い対話が進み，グループ進行において余裕が出てくるのではないか
と考えている。しかしながら，筆者自身も言語教育を専門としてい
るわけではないため，言語教育や言語習得の専門家ともチームを組
み，助言や指導を頂きながら，言語面のサポート方法について改良
を進める必要があると考えている。

◆ 学生ファシリテーターの育成プログラムの改善

　一定のグループ数を学内に提供する上では，学生ファシリテータ
ーを育成し，スーパーバイズを行う必要がある。しかしながら，教
員が相談業務や他のプログラム運営や授業を行っている合間に，学
生ファシリテーターに研修を提供し，毎週スーパービジョンを提供
することは，物理的にむずかしくなっている。理想としては，国際
交流や異文化体験に関心をもち，臨床心理学，グループアプローチ，
ファシリテーション等を学ぶ大学院生がグループ活動に参加して，
翌年に学生ファシリテーターとして担当する形が望ましいと考えて
いる。学内における多文化間ディスカッショングループの知名度は
まだそれほど高くないため，ファシリテーターになり得る学生との
出逢いの機会を増やし，人的ネットワーク作りに力を入れる必要が
ある。

第4節　課題と展望

　本章では，名古屋大学における多文化共修授業「留学生と日本」
の授業について日本語と英語を用いる形態を紹介するとともに，課

外活動としての少人数，ディスカッションベースによる「多文化間ディスカッショングループ」の取り組みについて紹介した。どの取り組みにも共通していえることは，受講者や参加者の一人ひとりの出会いを大事にし，学生間の自発性や自立性を尊重しあい，展開していく授業やプログラムであるという点である。そこでは，国際学生と国内学生の垣根を越えた対話があり，問題意識を共有して解決を目指す姿勢も認められた。授業やプログラムで使用する言語面の支援や調整については課題も残されているが，キャンパスにおける国際化が進む中，国際学生と国内学生にとって必要とされる教育的な「場」づくりのために，実践の改善や研究を重ねていきたい。

【付記】
　本稿で示した，「多文化間ディスカッショングループ」にかかわる部分については，髙木ひとみ（2014）「学生の適応援助グループ：多文化間ディスカッショングループにおける実践」『留学生交流・指導研究』第17号，pp.33-46 に掲載した報告に加筆・修正を行ったものである。

【注】
1)　2014年11月現在，名古屋大学における国際学生数は1,812名で，全体の学生数の10.9％を占める。
2)　サポートグループとは高松（2004）によると「特定の悩みや障害を持つ人たちを対象に行われる小グループのことである。その目的は，参加者が抱えている問題を仲間のサポートや専門家の助言を受けながら，解決あるいは受容を目指すものである。専門家あるいは当事者以外の人びとによって，開設・維持されるが参加者の自主性・自発性が重視される相互援助グループである」と定義づけられている。

【引用・参考文献】
髙木ひとみ（2014）「学生の適応援助グループ：多文化間ディスカッショングループにおける実践」『留学生交流・指導研究』第17号，pp.33-46.

髙木ひとみ・平井達也（2008）「ミネソタ大学における留学生アドバイジング・カウンセリング実習内容と成果：グループプログラムとワークショップ実習を中心に」『留学生交流・指導研究』第 11 号, pp. 145-157.

高松里（2009）「サポート・グループとは何か？」高松里（編）『サポート・グループの実践と展開』金剛出版.

田中京子・浮葉正親（2014）「異文化交流実践と教育・研究の相互活性化─授業報告─」『名古屋大学国際教育交流センター紀要』創刊号, pp. 147-151.

名古屋大学留学生センター（2003）「第 8 章　学部・大学院の教育」『名古屋大学留学生センター自己評価報告書 1998-2002』pp. 98-104.

北海道大学国際本部留学生センター（2014）『北海道大学留学生センター紀要』第 18 号, pp. 1-97.

Internatoinal Student and Scholar Services. University of Minnesota（2015）Cross-Cultural Discussion Group. http://www.isss.umn.edu/programs/disgroup/default.html（2015 年 9 月 14 日アクセス）.

Kachru, Y. & C. L. Nelson（2006）. *World Englishes in Asian Contexts*. Hong Kong: Hong Kong University Press.

第 6 章

異なる科目をつなぎ日英二言語で多文化間共修を実現する：立命館大学における実践

第 1 節 立命館大学における多様な多文化間共修の取り組み

　立命館大学における多文化間共修の取り組みは，多様な学部，大学院，全学のプログラムや正課科目と正課外活動において実践されてきた。たとえば 2000 年以降に開設されてきた学部横断国際教育プログラムや留学準備プログラム，そして各学部や研究科の国際化教学に位置づけられた正課科目として開講されてきたほか，正課外の活動として，言語教育センターが主管するコミュニケーションルームの取り組みにおいて，英語，中国語，朝鮮語，スペイン語，ドイツ語，フランス語等の外国語による学期に数回の交流や，Language Exchange を各言語で行うもの，またキャリアセンターが主管する「グローバル人材養成プログラム」で学部・大学院を含む国際学生と国内学生が混合チームを編成し，企業から提示されるテーマについて，TBL（Team-based Learning）や PBL（Problem-based/Project-based Learning）型の共同プロジェクトを遂行し，解決策を提案するものなど，多様なレベルでさまざまな取り組みがなされてきた。

また正課科目の中でも，多様な展開がなされている。たとえば
① 学部や研究科の国際教育プログラムに開講されている外国語科
目あるいは専門科目に国内学生と国際学生の両方を募集し，授業の
目的に沿って共修をデザインするもの，② 短期留学生が受講する
科目と学部生（正規留学生を一部含むこともある）が受講する科目と
の科目間交流による協働学習をデザインするもの，あるいは ③ 国
内外の他大学の外国人学生との共修をデザインした共修科目，
④ 学部横断の国際教育プログラムや留学準備プログラムに開講さ
れた英語による専門科目における国内学生と国際学生の共修，そし
て最後に，⑤ 2015 年度から試行され，2016 年度には全面開講され
ている，全学共通教育の国際教養科目群における共修で，これらは
授業言語のレベルや国際交流の関わりの度合いに応じてステージ 1
から 4 までの段階別に開講され，正規留学生と短期留学生，そして
基本的に全学部の国内学生が受講できる「国際教養科目区分」(Theme
Study と題して，担当者の専門のテーマについて学び合う科目群)，「異
文化交流科目区分」（異文化理解を促進する科目群)，そして「海外留
学科目区分」（留学にむけて準備するための科目群）に分かれている
全学の共修科目である。全学共通の国際教養科目については，2015
年度以降の実績をもとに,別の機会に紹介することができるであろう。

第2節 本章が対象とする立命館大学の 多文化間共修科目開講の背景

　こうした多様な取り組みの中から，本章が対象とする多文化間共
修は，上記の ② 短期留学生が受講する科目と学部生が受講する科

目との科目間交流で，本学衣笠キャンパスの短期（1学期または2学期間）留学生受け入れプログラム「Study in Kyoto Program（以下SKP）」の日本語科目「相互文化テーマ演習」と，産業社会学部の学部生が受講する国際教育科目「衣笠国際学生との異文化交流」との科目間交流において，協働学習プロジェクトを組み込んだ多文化間共修教育である。以下，本章第3節にて留学生科目「相互文化テーマ演習」の概要をまとめ，続いて学部生対象の「衣笠国際学生との異文化交流」科目の概要を紹介する。

第3節　留学生科目「相互文化テーマ演習 Seminar in Intercultural Collaborative Project」の概要

今日の多文化共生社会で求められる異文化間能力の育成を目指し，立命館大学では先述のとおり，さまざまな多文化間共修の取り組みが積極的に推進されている。短期留学生に向けては日本語科目群の一つとして，通年「相互文化テーマ演習 Seminar in Intercultural Collaborative Project」[1]（以下「相互文化テーマ演習」）」が開講されており，前期は産業社会学部の「専門特殊講義Ⅱ—衣笠国際学生との異文化交流」，後期は文学部の「異文化間コミュニケーション演習」科目との合同交流授業が実施されている。短期留学生と学部学生が各対象科目を履修する，いわゆる「両開き」形態での共修のため，各科目の登録者数は毎学期20名から25名（総勢50名程度）となり，理想的な留学生と日本人学生の比率が実現している。以下，本節では，留学生科目「相互文化テーマ演習」の担当者の視点から，コース目標，授業内容，評価などの主な授業実践の概要を紹介する。

1. 「相互文化テーマ演習」の受講生概要

　科目受講生は，短期留学生プログラムである Study in Kyoto Program（SKP）に設けられている Intensive Japanese Language Track（IJL）の上級レベルクラスの学生である。SKP の IJL トラックは日本語および日本文化を学ぶための短期留学生（主に海外協定校から受け入れた半年から1年間の短期留学生）を対象に開設されており，学生の出身は欧米，アジア，オセアニア，中東など多岐に渡っている。「相互文化テーマ演習」にも毎学期，多様な文化背景の学生が集まり，2016 年度前期履修者は，アメリカ4名，フランス4名，中国4名，台湾3名，イタリア2名，ロシア2名，スペイン1名，オーストラリア1名，ブラジル1名，シリア1名，ドイツ1名の合計 24 名であった。当該科目は，上級レベルの必修科目として設定されているため，受講者の日本語能力は総じて高いが（JLPT N2-N1 相当レベルだが），来日してからまだ日が浅く，実際の日本文化，日本社会，日本人との接触が少ないという特徴がある。またコース開始前のレディネス調査により，異文化コミュニケーションに関する受講経験がない者も多く，異文化体験や異文化に関する知識に差があることも特徴としてあげられる。

2. 「相互文化テーマ演習」の到達目標

　科目到達目標は「相互文化理解と異文化間協働力の向上」としており，以下の2点を掲げている。

◆ **相互文化理解と異文化間協働力の向上**

(1) 自文化と他文化（主に学習目標文化である日本文化）の文化的規
範（習慣，価値観，コミュニケーションスタイルなど）を認識し，
その背景を考えることで，文化を構造的に理解し，受容する
力を身につける。

(2) 多文化共生社会においてさまざまな文化的背景の人びとと協
働することのできる能力と態度を養う。具体的には，文化や
コミュニケーションなどに関する「知識」，コンフリクトの管
理や判断保留などの「技能」，自己内省や寛容といった「態度」
を向上させる。

　換言すると，前者は異文化間教育でいうところの「文化特定」，
後者は「文化一般」の学習目標を指し，これら両目標を落とし込ん
だ can-do 形式の自己評価シートを作成し，受講者が自身の成長を
把握できるよう試みている。

3.「相互文化テーマ演習」の授業内容と評価

　異文化間協働を実現し上記の目標を達成するために，集団間接触
理論の「接触仮説」の 4 条件「制度的支援」「相互知悉性」「対等な
地位」「共通目標による協同[2] 作業」（Allport, 1954；Brown, 1995；
Cook, 1985）を考慮しコースデザインを行い，特に 2015 年度からは
「相互知悉性」と「共通目標による協同作業」を強化した PBL 型（問
題解決型）のプロジェクトワークをコースの中心に据えている。具
体的な授業内容は，実践編の「協働プロジェクトワーク」と，理論

編の「異文化コミュニケーションを考える活動」が連動するような構成となり，理論編において文化やコミュニケーションについて考え，異文化コミュニケーション・スキルを学ぶことで，実践編の協働プロジェクトワークで直面するコンフリクトを受講生が自主的に乗り越え，異文化理解を深めながらスムーズにグループワークを遂行できるような仕組みとなっている。

　表6-1のスケジュールにあるよう，コースの中核をなす「協働プロジェクトワーク」は第3週より始まり，課題解決のための提案を実行計画として中間報告会で発表し（第8, 9週），実行計画を実際に遂行した後，自分たちのプロジェクトが社会に与えたインパクトの結果と課題を最終報告会で発表する形をとっている（第13, 14週）。なお，最終週は，コース開始時に設定した自己目標を検証する「個人の振り返り」に加え，各グループが言語・文化的背景の異なりを考慮し主体的に作成したグループルールとグループ目標を検証する「グループの振り返り」を行い，コース全体の総括を実施している。

　協働プロジェクトワークのテーマは，グローカル・イシューであり，テーマ設定の際に，地球規模の問題を身近な問題として引き付けて考えるよう促している。「大学生の自分たちができること」をスローガンに，これまでに立ち上げられたプロジェクト一覧は表6-2のとおりである。各グループがアイディアを駆使して，多彩なプロジェクトを展開しており，具体的にはイベントの自主開催，SNSを利用した情報発信やブログの開設，学内サークルやNGO組織との連携活動などが実施されている。たとえば2015年度前期の優秀賞に選出された「大学生にできるごみ問題対策」プロジェクトは，

表6-1　授業スケジュール

週	授業内容
1	合同ガイダンスおよびコース別ガイダンス
2	異文化コミュニケーション ① （文化とコミュニケーション） （言語的コミュニケーションスタイルの違い）
3	異文化コミュニケーション ② （異文化間協働力と自己目標の確認） 協働プロジェクトワーク ❶ （グローバル・イシューを考える―ワールドカフェ―）
4	異文化コミュニケーション ③ （価値観と文化的特徴）） 協働プロジェクトワーク ❷ （グループとテーマの決定―グローカルな視点へ―）
5	異文化コミュニケーション ④ （D.I.E と共感） 協働プロジェクトワーク ❸ （グループ作業計画とテーマに関する現状分析）
6	異文化コミュニケーション ⑤ （自己ピア評価） 協働プロジェクトワーク ❹ （問題の解決策と実行計画を考える）
7	協働プロジェクトワーク ❺（中間報告会の準備）
8/9	協働プロジェクトワーク ❻（中間報告会）
10	異文化コミュニケーション ⑥ （アサーティブ・コミュニケーション） 協働プロジェクトワーク ❼ （協働作業の振り返りと今後の作業計画）
11	異文化コミュニケーション ⑦ （非言語コミュニケーション） 協働プロジェクトワーク ❽ （実行計画の遂行）
12	協働プロジェクトワーク ❾（最終報告会の準備）
13/14	協働プロジェクトワーク ❿（最終報告会）
15	コース全体のまとめ （異文化間協働力の再考と自己目標の到達度検証）

出所：「相互文化テーマ演習」配布用シラバスより

表6-2　協働プロジェクト一覧

2015 年前期	2015 年度後期	2016 年度前期
・大学生ができるゴミ問題対策 ・森林伐採について考える—木を大切に— ・インターネット中毒の解決策 ・食の画一化を止めよう！ ・いじめ問題に対する提案 ・絶滅危惧種の保護 ・憲法第9条を考える ・カンボジアの教育問題—Activation for Cambodia　私たちにできること— ・子供の貧困への提案 ・LGBT の人々が住みやすい社会へ ・日本の難民への関心を高める提案	・東日本大震災支援プロジェクト—4年経った今，私たちができること— ・京都在住外国人に対する差別 ・食べ物の生産と自然保護 ・地球温暖化による紅葉の見頃の変化 ・安保法案に関する世界の報道 ・衣笠キャンパス内の対人サポート（障がい者サポート）への提案 ・教育の貧困—フリースクール支援— ・日本と台湾の母子家庭における貧困 ・シリア難民を考える ・伝統文化の衰退に対する提案 ・平和教育への提案 ・ジェンダーに対する意識向上	・食品廃棄物問題の解決 ・地球温暖化による害虫問題 ・戦争と教育 ・日本の男女の視点からみた男女差別 ・立命館大学の留学生が受けた人種差別から対策を考える ・Understanding Islam ・日本の貧困削減に向けできること ・フェアトレード普及のために ・本音と建前というコミュニケーションの問題 ・日本の移民の女性労働問題 ・日本の少子化問題の解決

京都のごみ問題に着目し，府庁や市役所でのインタビューのほか，嵐山や鴨川などの観光名所でフィールドワークを行い，そこで得た情報を SNS を使い不特定多数の人びとに向けて，日本語・英語・中国語・ドイツ語の4カ国語で発信した。彼らはごみ問題について考える意見交換の場を創造し，意識の向上を推進することに成功していたといえる。もちろんなかには，プロジェクトがなかなか進ま

ないグループもあり，何度も実行計画を練り直す状況も見られるが，総じて最後には各グループの個性が発揮されたプロジェクトへと仕上がり，最終報告会は受講生が達成感を得ている様子がうかがえる

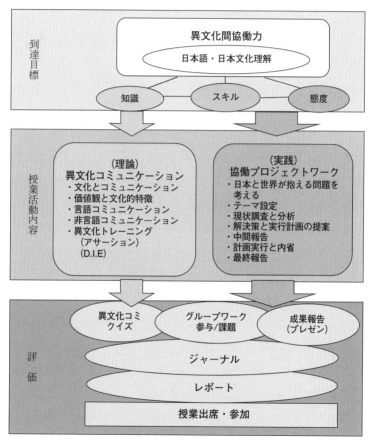

出所：「相互文化テーマ演習」配布用シラバスより

図6-1　コース全体図

ものとなっている。

　なお，授業の評価は，異文化コミュニケーションに関する知識を確認するクイズをはじめ，課題の提出，協働プロジェクトワークでのパフォーマンスや成果発表，体験から得た自身の気づきを分析した振り返りジャーナル，その集大成となる学期末レポートなどから総合的に判断している。シラバスには図6-1のように到達目標⇒授業内容⇒評価を一本化したコース全体像を載せ，可視化することで各活動の狙いを明確化し，受講者の共通理解を促すようにしている。

4.「相互文化テーマ演習」の学び

　自己評価・目標検証シート，ジャーナル，レポート，そして最終日に実施されるアンケートなどから，おおむね受講者は科目到達目標を達成しており，相手文化（日本文化）と自文化の理解を深めるとともに，異文化間協働力に関する気づきや学びを得ている様子がうかがえるものとなっている。以下は，アンケート結果の一部である。

① 相手文化（主に日本文化）の理解
・日本人学生との交流機会がたくさんあって，日本文化理解が深くなり日本語も上手になった。
・日本人と協働して，日本人の仕事のやり方や考え方を学ぶことができました。
・日本人が黙っていることは，無礼の表現ではない。言葉や行動に文化が見えるようになった。
・相手の気持ちに共感して曖昧な言葉を使う，良い関係を作りたい

164

などがわかった。

・日本文化はもちろん，コース受講生の多様な文化を学ぶことができ
　た。

・世界の社会問題の多様性と各国の状況について理解を深めた。

② 自文化の客観的な理解

・自分のアイデンティティーと自文化はもう十分詳しいと思ったが，
　いろいろなことを発見した。たとえば，イタリアは低コンテクス
　トと高コンテクストの真ん中にあり，ジェスチャーを重視するなど。

・自文化と日本文化の時間の観念の違い（MタイムとPタイム）を
　実感した。

・本来自分の文化には無関心だが，交流するためにいろいろと調べ
　るようになり，その中には，自分の知らなかった文化が存在して
　いた。

・中国文化に興味のある人に積極的に説明することで自文化理解を
　深めた。

・自文化の価値観と偏見についてさんざん考えることができました。

③ 異文化間協働力に関する学び

・文化の交流を通して，他文化の価値観を見る観点が変わったと思
　います。

・相手と相手文化を尊敬しなければならないとわかりました。

・協働力に対する自信が生まれた。

・共感力と忍耐力が向上した。

・自分のアイディアを積極的に伝えられえるようになった。

・他人を見て批判する代わりに，他人の意見を受け入れて考えるこ

とを再認識した。

・相手文化への関心を高めて，自文化ではない人とのコミュニケーションを学ぶことができた。

なお，授業内容に関するコメントの一部は，以下のとおりである。

・日本語と日本文化を勉強している留学生の私たちにとって非常に役立つものだと思います。

・協働プロジェクトワークは，とても面白い体験になった。日本人学生と一緒にプロジェクトのために努力を重ねて，お互いをよくわかってきた。

・異文化コミュニケーションの講義を受けていたので，その後のプロジェクワークで気をつけて行動できた。自文化と日本文化の価値観やコミュニケーションスタイルを客観的に見ることができた。

・異文化トレーニングで身につけたスキルが，グループワークを進めて行く際に，とても役に立った。相手の意見を聞く大切さを痛感したし，自分の意見の伝え方を考えながら話すのはむずかしかったが，授業で習ったことを活用するとスムーズに進んだ。

5. 「相互文化テーマ演習」の今後の課題

今後の課題としては，以下の3点があげられる。

(1) 「対等な地位」関係の課題

接触仮説の条件にあげられる「対等な地位」を保持することは，第1章第2節でも指摘されているように非常にむずかしい。当該の共修は，留学生と日本人学生の人数の比率が等しいほか，学期によ

っては日英2言語が推奨され，日本人学生が日本語で，留学生が英語でお互いをリードし合うなど，対等性の条件をある程度満たしているといえる。しかし，留学生の中には，日本語と英語のどちらも優位となることがむずかしい者もいるため，言語面のサポートだけでなく，受講生が一人ひとりグループをリードできるような機会や場面の提供といったさらなる配慮が必要となろう。また，グループメンバーの間に積極性や自主性に差が見られ，作業量などでバランスを欠く場合もあるため，おのおのが文化的背景や特性を生かしながら，主体的な相互貢献へと向かう仕掛けの強化も求められている。

(2) 教員の介入に関する課題

　グループワークが停滞している場合や，メンバー間で誤解やコンフリクトが生じている場合など，どの時期に，どの程度，教員が介入すべきかの見極めは非常にむずかしく，大きな課題となっている。異文化間ならではのグループワークで直面する問題や葛藤を乗り越える力を受講者に身につけさせるには，教員がファシリテーターとして，適切なスキャフォールディング（足場掛け）を行う必要がある。効果的な介入時期や度合いの見極めに加え，各グループまた各個人の特性を把握しながら，臨機応変に対応をしていかなければならないため，担当教員は異文化コミュニケーションだけでなくファシリテーターとしての知識とスキルを備えていることが不可欠だと感じている。

(3) コース全体での振り返りに関する課題

　毎回の授業で，振り返りジャーナルの提出を課しているため，受講者個人が体験を振り返り，気づきを概念化する仕組みは構築され

167

ているが，それをコース全体（受講者全員）で共有するような振り返りの時間をとることがむずかしいのが現状である。ジャーナルは体験学習のサイクル（体験による気づき⇒分析⇒仮説化⇒再体験のための実行計画）に沿って書くよう指定しており，サイクルを円滑に循環させ，異文化間協働と文化理解を促進している学生もいれば，表面的な気づきに終始してしまう学生もいるため，コース全体で共有することで効果を拡大できると考えている。また，協働作業の検証を行う全体での振り返りについても，中間報告会と最終報告会後に2回のみのため，受講生に振り返りの重要性を意識化させるためにも，全体またはグループでの効果的な振り返りの時間をより充実させることが望ましいといえる。

　以上のように，本節では，短期留学生向けの国際共修科目である「相互文化テーマ演習」科目の概要を紹介した。改善すべき課題はあるものの，当該科目は受講者に多様な気づきや学びをもたらし，教育的効果が高いものであることが，アンケート結果のほか，異文化間能力を測る自己評価シート，ジャーナル，レポートなどからも読み取ることができるものとなっている。今後さらに多文化間共修が全学的に展開され，多くの学生に協働学習をとおして成長する機会が与えられることを期待している。

第4節　学部生対象「衣笠国際学生との異文化間交流」科目の概要

　本節で紹介する国内学生対象の国際学生との多文化間共修[3]は，2003年度に立命館アジア太平洋大学（Asia Pacific University，以下

APU）の日本語クラスと，立命館大学産業社会学部の英語クラスとの，クラス間異文化交流・遠隔交流[4)]の実践から開始した。学生の約半数が海外からの国際学生で構成されている国際大学 APU の多文化，多言語環境と，日英2言語教育環境で学ぶ国際学生と，産業社会学部生の双方が，相互に学び合う機会を提供することが目的であった。そうした異文化間交流の特徴は，① 両者がそれぞれ正課の授業の受講生であり，対等な関係での交流であること，② 日英2言語でのコミュニケーションをとるため，相互に目標言語の学びをサポートしあうこと，③ 共通の課題を設定し協働学習に取り組むこと，④ 遠隔交流授業であるため，情報システムの活用が不可欠であること，⑤ 相互に相手のキャンパスを訪ねる対面交流を実施すること，などであった。主な活動は，電子メール交換やインターネット上の掲示板への書き込み，サテライト教室でのテレビ会議，ビデオレターの交換などで，日英2言語によるプレゼンテーション，ディスカッション，ディベートなどさまざまなコミュニケーションと相互評価の機会を提供し，発信型コミュニケーションへの動機付けを行うとともに，日本と国際学生の出身国の社会と文化について相互に学びあう双方向での異文化間教育の場を目指してきた。

　こうした英語クラス対象の遠隔交流授業には，多くの課題もあった。外国語学習を中心とした週2回の授業展開の中で，活動時間に制約があること，すべての受講生が交流に関心があるとは限らないこと，遠隔交流であるため，双方で情報システムが使える教室の確保や支援体制の整備が必要であること，対面交流の実施に伴う人的，財政的支援など，さまざまな支援体制が必要であることなどが主な

課題であった。そこでそうした課題を克服し，国際学生との共修を希望する学生が，事前登録により主体的に選択し受講できる多文化間共修科目として開講するために，2011年度に新たに学部国際教学の一環として「APU 国際学生との異文化交流」科目と同時に,「衣笠国際学生との異文化交流」科目を開講した。

1. 教育目標

筆者は，留学生教育と国内学生に対する国際教育の方針を，それぞれ個別の課題としてではなく，多文化共生キャンパスにおける相互に連関した国際教育課題として捉え，多文化共生社会を担う人材育成の理念に基づいた教育政策と，国内学生と国際学生が共に学び合うカリキュラムと学習環境の整備が重要な課題であると考える。Arkoudis（2010）は，異文化を背景にもつ学生間の相互作用を活発化させることが，相互の文化を理解するだけでなく，相互の学びを助け，共感といった感情面での成長にも効果があることを報告している。また江淵（2001）は多文化共生社会を定義して,「言語的・文化的背景を異にする人びとが，差別を排し，相互に違いは違いとして認め尊重し合いながら，協力的に共存の道を模索し，それぞれの持ち味を生かし合うことによって個性豊かな地域文化，学校文化，職場文化の創造に向かって努力する社会」と述べ，異文化を背景にもつ構成員が言語や文化の違いを乗り越えて相互理解に努め，共に生きる多文化共生力の育成を強調している。

筆者が実践する協働学習を前提とした多文化間共修が目指しているのは，協働プロジェクトを遂行する中で，国際学生と国内学生が

日本の社会や文化に目を向け，その中から課題をみつけ，それを国際学生の出身国との比較の視点やグローバルな視点で調査，議論，そして提案ができるコミュニケーション能力と協働力の育成である。具体的には協働に必要な情報収集能力やコミュニケーション能力，柔軟な思考や行動力，人間関係を構築する能力など，感情面と行動面でのより実践的な学びができることを目指し，多文化間共修教育に以下の目標を設定している。

1) 国内学生と国際学生が TBL や PBL 型の協働学習を通して双方向の学びを形成する
2) グループプロジェクトを遂行する過程で実践的に異文化間コミュニケーション能力を養う
3) 日本の社会や文化についてグローバルな視点で学び，協働プロジェクトの成果を国内学生は英語で，国際学生は日本語で発信する能力を育成する
4) 多様な国籍，民族，文化，言語などの背景を持つ学生間の共修を授業内にデザインする

2.「衣笠国際学生との異文化交流」科目の概要

　国内学生の目標言語である英語と，国際学生の学習言語である日本語の2言語による異文化間コミュニケーションと，発信型コミュニケーション能力を高めることを目標に，クラス別授業と合同授業，アイスブレーキングとしてお互いを知るための活動に始まり，異文化間コミュニケーションに関する講義，協働学習（collaborative learning）と協働プロジェクトを遂行し，日本社会と国際学生の出身国を含めた国際社会の諸問題について，グローバルな視点とローカルな視点から理解を深め，異文化理解力を高めるテーマ，たとえば日本社会の身近な問題について，国際学生の出身国や他国との比較の視点で調査，意見交換，考察した結果を英語で（国際学生は日本語で）発信し，他のグループの発表を聞いて質疑応答や相互評価をする。また国際学生の日本語での発信をサポートする。こうした活動をとおして，自文化を理解すると同時に，多文化共生に必要な他文化へ開かれた態度と異文化対応力，民主的な異文化間コミュニケーションの方法を実践的に学ぶ協働プロジェクトを実施している。

　言語使用については日英2言語で，時間を決めて，または活動によって2言語を切り替えて使用している。プレゼンテーションでの発表や質疑応答は，それぞれの目標言語（留学生は日本語，国内学生は英語）を使用する。また協働プロジェクトの中間発表と最終報告の2回の発表に向けて準備を進める過程でのコミュニケーションは，各グループにルールを作らせて，学生に任せている。

　到達目標は，① 多様な文化背景や社会的経験をもつ国際学生と，日本社会と各国の社会について情報交換や意見交流を行い，自国と各国の社会と文化について理解を深める。また，文化的多様性を重視し，異なった文化に属する人びとの文化的特徴や自己の文化との違いを認識し，それを受容できる姿勢を習得する，② 実践的なコミュニケーション活動をとおして，日英2言語による発信型コミュニケーション能力の向上を図る，③ 英語でのコミュニケーション能力だけでなく，協働学習で異文化理解力を高めるテーマに取り組

み，国際学生との日英 2 言語によるコミュニケーション活動をとおして，異文化に属する受け手を理解し，その受け手に理解される異文化間コミュニケーション能力を高める，の 3 つを設定している。評価方法は，出席および授業への積極的参加（20％），課題（30％），協働学習による調査・発表（30％），学期末レポート（20％）としている。授業スケジュールについては，上記「表 6-1　授業スケジュール」を参照されたい。

第 5 節　課題と展望

多文化間共修授業を受講した国内学生の 9 割以上が，機会があればまた受講したいと答え，自分の変化を実感したと回答していることから，多文化間共修をとおして多くの学びや意識の変化を経験していることが読み取れるが，一方で課題も浮き彫りになっている。

(1) 主体的取り組みを促す達成目標，授業内容，そして評価方法の一体的確立

多文化間共修授業は，概して異文化間交流に関心の強い国内学生が受講しているが，協働プロジェクトへの意識や取り組みの姿勢に学生間で差がある。したがって事前指導や事後指導など，受講生が協力しながらプロジェクトに取り組むことを促す授業運営と，それをはげます評価方法の一体的確立が求められる。具体的には事前の達成目標設定とともに，それを実現するテーマや授業内容，そして評価方法が連動した授業計画の立案が重要であると

173

考える。そして授業の過程で活動の振り返りを丁寧にさせるなど，主体的取り組みを促す授業運営が重要である。

　受講生の主体的取り組みを促すために，学期の途中でプロジェクトの中間報告の機会を設け，プロジェクトの内容を調整するだけでなく，自らの取り組みとグループのメンバーの取り組みを振り返り，プロジェクトとは異なるメンバーで話し合い，客観的に自己評価および相互評価をする機会としている。それによって，後半のプロジェクトへの取り組みの改善につなげることが目的であるが，なかにはプロジェクトのプレゼンテーションを完成させることが主たる目的となってしまっている学生もいる。したがって協働学習の達成目標を事前にグループの中で意識化させ，その達成状況を日常のジャーナル活動や相互評価活動を通して振り返らせ，次の主体的取り組みにつなげるというサイクルを意識して授業計画を立てている。

　ジャーナルには，授業に関わる留学生とのコミュニケーションやグループ活動など協働学習をとおして感じた気づき，不安，感想などを日本語で書いて提出させている。ジャーナルを書くことによって，協働学習の振り返りやコミュニケーションについての気づきを自己内省化させることを目的としているが，毎回の授業での学生の気づきを把握し変化や成長を見ながら，次への改善へとつなげるための学生へのフィードバックをどうするかが課題である。時間的制約があるため，プロジェクトの遂行が優先される傾向があるが，貴重な振り返りや気づきを，国際学生と国内学生の両方に共有し，相互のコミュニケーションを改善または促進す

るために，有効なフィードバックの方法の確立が課題である。

(2) 2言語での学習環境を活かす授業

　日本語と英語の2言語での交流であることの利点は，母語と外国語の両方の視点から，コミュニケーションを経験でき，相互に学習言語をサポートしあうという，相互の学びができる点である。たとえば，目標言語である英語使用において文法や表現を間違えることへの不安も発言を消極的にする要因の一つであるが，留学生も日本語を話す際に同様の不安やためらいがあることに気づき，自分の不安が軽減され積極的な発言につながったこと，プレゼンテーションの原稿を相互にチェックしあって自信をもって発表できたこと，などの国内学生のコメントは，日英2言語による交流の利点を示している。そのいっぽうで課題もある。限られた時間の中で，2言語でプロジェクトを遂行しなければならないため，学生の負担は大きい。国内学生はプロジェクトを進めることを優先すると，日本語でのコミュニケーションに偏る傾向がある。また同じキャンパスで学ぶ国際学生と国内学生の共修であるため，授業外でも多くの時間を協働学習に費やすことができ，学期が終わった後も友人として交流できるという利点があるが，国際学生は日本語によるコミュニケーション能力を第一目標としているため，国内学生の英語使用に疑問を表する場合もあり，事前に共修の相互の目的を十分理解できる導入と，それぞれの目標を達成できる授業展開が重要である。2言語使用の課題をさらに精査し，その課題の克服と利点を活かす授業展開が必要であると感じている。

他方で，国内学生が多文化間共修授業を受講する理由として一番多く挙げているのが英語のコミュニケーション能力の向上であるが，彼らの英語運用能力は多様で，受講生の多くにとって協働プロジェクトに必要な英語運用能力の向上は大きな課題である。国内学生は，受講要件に英語能力試験 TOEIC450 点以上であることが望ましいとしているが，全員に志望理由書の提出を求め，TOEIC のスコアが 450 点以下でも熱意をもって授業に取り組めると思われる学生も受け入れている。したがって言語使用を自由にすると，日本語に偏る傾向があり，英語による発信能力の育成という目標達成のためには，言語使用について一定の指導やマネジメントが必要となる。

　また国際学生の中にも日本語能力は高いが，英語でのコミュニケーションが苦手な学生もいるため，チーム編成や協働学習の過程でそうした学生への配慮が求められる。多文化間共修であるからこそのこうした課題には，科目担当者間の綿密な協議や柔軟な対応が重要である。

多文化間共修授業は，多様な対話と学びの場であり，その文化背景の多様性ゆえの困難や葛藤に直面しながらも，国際学生と国内学生は学習者と支援者の関係ではなく，相互の学びに主体的に関わって対等な関係を構築し，協働の仕方，自己と他者の役割などを学んでいる。このように多文化間共修授業は，異文化接触という機会を教育的に提供し「文化間の相互作用を中心にし，それまでの関係性を組み替え，新しい関係性を構築するという実践」（佐藤，横田，吉

谷，2006）の場となる大きな可能性をもっている。異文化を背景に
もつ国際学生と接触する過程で経験するさまざまな摩擦や理解不能
な状況や葛藤などは，多文化共生社会の現実であり，急速に多文化
化が進展している日本社会において，大学の学びの中にも多文化共
生力の育成をめざす実践的相互作用の場を意図的に作っていくこと，
そのためのカリキュラムや教育環境の整備が求められる。

【付記】

第4節：学部生対象「衣笠国際学生との異文化間交流」科目の概要は，坂本利子（2013）の1部に加筆・修正した。

【注】

1) 2011年度開講当時は「日本研究―異文化間テーマ演習」という科目名であったが，2016年度のカリキュラム改革を経て現科目名に変更された。
2) 本章では「きょどう」を「協働」で統一しているが，ここでは原著の翻訳本のまま「協同」としている。
3) 本実践並びに，筆者が担当してきた他の多文化間共修科目の詳細については，拙稿，坂本（2013）を参照されたい。
4) 本取り組みの詳細については，坂本ほか（2006）を参照されたい。

【引用・参考文献】

江淵一公（2001）「多文化共生型のまちづくりの変遷」『異文化間教育』（15），異文化間教育学会　アカデミア出版会，pp. 115-122.

坂本利子（2013）「異文化交流授業から国内学生は何を学んでいるか―多文化共生力育成を目指して―」『立命館言語文化研究』（24：3），立命館大学言語文化研究所，pp. 143-157.

坂本利子，吉田信介，宇根谷孝子，本田明子，片山智子，和田綾子（2006）「立命館大学と立命館アジア太平洋大学間の日英語クラス遠隔交流授業」『立命館高等教育研究』（6），立命館大学教育開発支援センター，pp. 1-16.

佐藤郡衛・横田雅弘・吉谷武志（2006）「異文化間教育学における実践性―『現場生成型研究』の可能性―」『異文化間教育』（23），異文化間教育学会　アカデミア出版会，pp. 20-36.

東北大学高度教養教育・学生支援機構国際共修研究調査チーム（2013）『留学生と日本人学生が共に学ぶ国際共修：教育実践事例集』.

西岡麻衣子（2010）多文化間交流学習の理論的枠組みに関する研究—オルポートの「接触仮説」に基づいて—同徳女子大学大学院修士論文（未公刊）.

八代京子・荒木昌子・樋口容視子・山本志都・コミサロフ喜美（2001）『異文化コミュニケーション・ワークブック』三修社.

立命館大学オンラインシラバス：https://campusweb.ritsumei.ac.jp/syllabus/sso/KJgSearchTop.do（2016 年 9 月 7 日閲覧）.

Allport, G. W.（1954）*The nature of prejudice*. Cambridge, MA: Addison-Wesley（原谷達夫・野村昭訳（1968）『偏見の心理』培風館）.

Arkoudis, S., et al.（2010）*Finding common ground: Enhancing interaction between domestic and international students: Guides for academics*, Melbourne: University of Melbourne.

Brown, R.（1995）*Prejudice: Its social psychology*, Cambridge, MA: Black-well Publishers（橋口捷久・黒川正流編訳（1999）『偏見の社会心理学』北大路書房）.

Cook, S. W.（1985）Experimenting on social issues: The case of school desegregation. *American psychologist*, 40（4）, pp. 452–460.

Deardorff, D. K.（2008）Intercultural competence: A definition, model, and implications for education abroad. In V. Savicki（ed.）, *Developing intercultural competence and transformation: Theory, research, and application in international education*, Sterling, Virginia: Stylus Publishing, pp. 32–52.

Savicki, V.（ed.）（2008）*Developing intercultural competence and transformation: Theory, research, and application in international education*. Sterling, Virginia: Stylus Publishing.

第 7 章

すべての新入生に多文化間共修を！：
立命館アジア太平洋大学の事例

　立命館アジア太平洋大学（Asia Pacific University：以下 APU）は 2000 年に大分県別府市に開学し，大学の基本理念に「自由・平和・ヒューマニズム」「国際相互理解」「アジア太平洋の未来創造」の 3 つを掲げ，「世界各国・地域から未来を担う若者が集い，ともに学び，生活し，相互の文化や習慣を理解し合い，人類共通の目的を目指す知的創造の場」を提供することをミッションとしている。現在国内学生約 53%（3,001 名），世界 76 ヵ国・地域からの留学生約 47%（2,849 名），計 5,850 名の学生を有し，外国籍の教員比率も約 50% にのぼり（27 ヵ国・地域），世界にも希有な多文化環境の大学を実現している（2015 年 11 月 1 日現在）。さらに，APU では「日英 2 言語教育」を実施し，学部講義のおよそ 80% が日英 2 言語で開講されている。また，「AP ハウス」と呼ばれる教育寮には，約 1,300 人の学生が居住しており，そのうち 7 割は国際学生であるが，数年のうちには国内学生と国際学生すべての 1 年生が AP ハウスに住めるように調整中である。AP ハウスは濃密な多文化体験の場となっており，学生主体のさまざまな国際交流イベントも行われている。この他にも，APU では国内学生と留学生（APU では国際学生と呼ぶ）が豊富な多文化体験ができるように，正課および正課外でさまざまな教育プログラムを

179

用意している。

　本節では，多文化間共修がもっとも如実に表れていると思われる，「新入生ワークショップⅡ」（以下，WSⅡ）とよばれる授業を紹介する。この授業は１年生必修であり，日本人と国際学生が小グループでプロジェクトをともに進めていく中で，異文化コミュニケーションやチームワーク，問題解決などについて体験的に学んでいく授業である。本節の前半部分では，この授業の目的，授業形態と運営方法，授業内容，工夫と成果，今後の課題について述べる。本節の後半部分では，このワークショップⅡも含めた，APU における初年次教育の特徴の一つである，学部生 TA（Teaching Assistant）の活用と育成について述べ，学部生 TA が TA 経験を通してどのようにワークショップⅡの多文化間共修を促進し，そして彼ら自身も多文化コンピテンスを向上させているのかについて記述する。

第 1 節　登録必須科目「新入生ワークショップⅡ」における多文化間共修

1. 背　景

　APU の初年次教育では，３つの柱を軸とした高校から大学への移行教育を実施している。それらの３つの柱とは，「大学生活への適応」「大学生活を成功させるためのスキルの獲得」「多文化環境への導入」である。ここでは特に，多文化間共修に関連する初年次教育における「多文化環境への導入」を取り上げる。本学では，世界80以上の国や地域からの国際学生が国内学生と共に学ぶ多文化環境のキャンパスを実現している。しかし，多文化環境があっても，

自らがこの多文化環境に意識的に積極的に働きかけなければ，国際学生と国内学生の関わりは生まれない。4年間の大学生活のさまざまな場面で，多文化環境を最大に活かし学び合えるためには，初年次の段階で，多文化環境での学びがどのようなものであるのかについて認識する必要がある。本科目は，初年次の国内学生と国際学生が平等に混ざり合い同時性をもって経験する最初の異文化体験の試練である。

2. 目的・目標

　文化的背景の異なる人同士が協同で作業をおこなうのは APU においては日常的なことであり，今日のグローバル化社会においても当たり前のこととなっている。本科目では，そうした場面で必要となる基本的なスキルや態度を，Project Based Learning（以下，PBL）をとおして，協同的なメンバーの関係性の中で自律性を高め能動的に身につけることを目指す。異質性や多様性を伴う多文化グループでの協同学習を通して，メンバーがお互いに最大に学ぶためにはどうすれば良いのかを模索しながら，① 異文化コミュニケーション力，② チームワーク力，③ 問題発見・問題解決力などの基本的なスキルや態度を体験的に身につけることを目的としている。それぞれの具体的な到達目標は，以下のとおりである。

1) 異文化間コミュニケーション力
　① 自文化を中心としたものの見方から抜け出し，文化的背景の
　　異なる人びとの視点から物事を見，感じることができる。

② コミュニケーションのとり方は文化によって異なることを理解し，そうした相違を乗り超えて，文化的背景の異なる人びとと意思疎通ができる。

③ 異なる文化に対して好奇心をもち，文化的背景の異なる人びとに対して心を開くことができる。

④ 言語の異なる人びとと何とかして意思疎通を図ろうとする積極的な姿勢を身につける。

2) チームワーク力

① グループの一員としてグループ活動に積極的に貢献することができる。

② 他のグループメンバーと信頼関係を構築し，グループの建設的な雰囲気作りに貢献することができる。

③ グループ活動を定期的に振り返り，改善することができる。

3) 問題発見・問題解決力

① 問題となる物事を見つけることができる。

② 問題の原因を複眼的，論理的に分析し，表現することができる。

③ 問題の解決に必要な情報を収集・分析・整理し，問題の解決に取り組むことができる。

多文化環境での学習者同士の学び合いや教え合いを基盤とした体験は，今後多文化チームで活動する際の土台となる。特に，言語の壁に直面することで，言語能力に加えて文化的背景の違いや考え方の違いを理解しようとする姿勢をもつことや，お互いの信頼関係を築くことの必要性も同時に学んでいる。また物事が円滑に進まなか

ったり戸惑いを感じる状況に置かれても，工夫をしながら乗り越える力を育んでいる。多文化コンピテンスを促進させる WSⅡは，APU におけるグローバル教育のコア科目といえる。

3.　開講学期・受講者

　本科目は，秋学期に開講される登録必須初年次科目「新入生ワークショップⅡ」である。受講者数は，国内学生 584 名（45％），国際学生 712 名（55％）（2015 年 11 月 1 日現在）である。全学生は 7 クラスに分割される。1 クラスは，日本語クラス約 80 名（日本語基準で入学した国際学生は日本語クラスに配属される）と英語クラス各約 100 名（英語基準で入学した日本人学生は英語クラスに配属される）の日英混合クラスで編成されている。国際学生と国内学生の入学時期が異なるため，秋入学の国際学生は入学直後に受講し，これに対して春入学の国内学生は，入学 6 か月後の受講となる。

4.　授業形態と授業運営

　授業は，講義と演習の組み合わせを基本とし，講義は日英でそれぞれのクラスに分かれ，日英クラス担当教員により別々に実施される。その後の演習は，日英混合で小クラスに分かれて行われる。約 180 名の混合クラスが約 23 名規模の混合小クラスに分かれ，そこからさらに 5，6 名の日英混合小グループに分かれて活動する。各小クラスでは，教員のコアメンバーが作成したガイドラインに従って日英ペアの学部生 TA が授業運営を行う。

5. 授業の概要

◆ 体験型セッションの企画・実施の流れと PBL の構成

　日英混合の各グループ（全体で 224 グループ）がグループプロジェクトに取り組む。APU 生を対象として，充実した APU ライフを送るために必要と思われる特定の能力の獲得あるいは向上を目的とする体験型セッションを企画し，これを 2 回実施する（表7-1）。最終的にはその成果についてプレゼンテーション大会で発表する。「体験型セッション」とは，参加者が実際に活発に参加・体験できるようなアクティビティを通して何かを学ぶセッション（ワークショッ

表 7-1　体験型セッションの実施

セッションの目的	充実した APU ライフを送るために必要と思われる特定の能力の獲得あるいは向上。（ここでの「能力」には日本語，英語といった語学力は含まない。）
セッションの内容	参加者が実際に参加・体験できるようなアクティビティ（ディスカッション，ゲーム，ロールプレイ，アイスブレイクなど）を含むこと。
セッションの長さ	1 回 75 分（アンケートと振り返りを含む）
セッションの実施回数	2 回。2 回目は 1 回目の実践を改善したうえで実施すること。
セッションの実施場所	学内の教室。（収容人数は 50 人以下，机椅子は可動式。）
セッションの実施期間	1 回目：12 月 9 日（第 9 週授業日）および 12 月 16 日（第 10 週授業日） 2 回目：1 月 10 日（日）（2 限－5 限） 予備日：1 月 20 日（水）および 1 月 27 日（水）
セッション参加に関する備考	最低 3 回他のグループが実施するセッションに参加すること。 ・1 回目：12 月 9 日（水）または 1 月 16 日（土） ・2・3 回目：1 月 10 日（日） ＊参加するセッションはこちらから指定します。

週	内容
1	オリエンテーション＆アイスブレイキング
2	チームワーク
3	異文化間コミュニケーション
4	(Project Based Learning)
5	
6	
7	中間振り返り
8	
9	PPT作成・ビデオ編集研修
10	1回目セッション実施
11	2回目セッション実施
12	
13	小クラスプレゼンテーション
14	大クラスプレゼンテーション　最終振り返り

図7-1　授業の流れ

プあるいはセミナー）のことを指す。

図7-1に示したように，初回から3回までの講義では，まず小クラスでチームワークや異文化コミュニケーションについてのシュミレーションゲームを体験し振り返りを実施する。これらの活動を通して，チームとしての意識化を促し協同的なグループ環境を醸成していく。さらに，大講義では小クラスの体験を振り返りながら協同学習の考え方や多文化チームにおけるマイノリティとマジョリティについての知識を関連づけていく。4回目以降のPBLでは，224の各グループがAPU生を対象に，充実したAPUライフを送るために必要な特定の能力の獲得あるいは向上を目的とする体験型セッションを企画しこれを実施する。

PBLの構成は，図7-2に示したように，理解，企画，実行，発表の4段階となっている。最初の理解の段階では，各自が必要な能

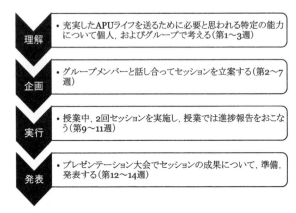

理解	・充実したAPUライフを送るために必要と思われる特定の能力について個人、およびグループで考える（第1～3週）
企画	・グループメンバーと話し合ってセッションを立案する（第2～7週）
実行	・授業中、2回セッションを実施し、授業では進捗報告をおこなう（第9～11週）
発表	・プレゼンテーション大会でセッションの成果について、準備、発表する（第12～14週）

図7-2　PBL の構成

力について，① 自己発見，② 積極性・挑戦意欲，③ 柔軟性・適応性，④ 共感，⑤ チームワーク，⑥ 創造性・革新性，⑦ 感謝心，⑧ 多様性理解の８つの中から選び，それはどのような能力か，また，どうしてその能力が必要だと思われるか，さらに，その能力はどのように獲得できるのか，あるいは向上させられるのかについて，自分の経験や先輩の体験を聞きそれをもとにしてエッセイを書く。

　次にチームで話し合い，必要な能力のうちどれか一つ，または，いくつか組み合わせてセッションのテーマを決め，どのような内容のセッションにするのか話し合いを重ね企画書を書く。

　第三段階は，各チームで企画書を数回改訂した後，企画案を実際に実行する。図7-1 にも示したように，セッションは２回実施する。1回目の実施後にチームで振り返り，改善点やさらなる工夫を話し合い，セッション内容の質を高めることが課題となる。

　最後に，各チームが実施したセッションについてプレゼンテーションを行う。プレゼンテーションでは，企画の目的や内容，セッション中の様子をビデオで紹介，セッションの効果や評価，チームの振り返りについて発表する。

◆ **授業での工夫**

　セッションの企画・実施・プレゼンテーションの課題達成の質を高めるためには，各チームがお互いに協力し合わなければならない。しかし，背景の異なる多文化メンバーを単に小チームに分け，協力して取り組むように指示しただけではうまく機能しない。多文化混合のチームに伴う言語の壁，考え方や価値観の違い，モチベーションの差などにより，ミーティングや活動への関わり方にも違いが生じることは容易に想像できる。メンバー間で目標が共有されない，役割が固定し特定の学生だけが活動する，手抜きやフリーライダーが存在するなどの理由で，協同的な学びにならないことが予想される。また，全学必須科目ということもあり，「やらされ感」があり受動的に活動や課題をこなすチームも少なくはない。本節では，チームとして協力し合い学び合える関係を育むために実施している仕掛けや工夫についてより詳細に述べる。

1) 協同学習の考え方と進め方

　メンバーが協力して実際に取り組むようになるためには，まず，協同の基本的な構成要素について理解する必要がある。そこで，第2回目のチームワークの講義では，Johnson ら（1993）が提唱する協同学習の5つの基本要素，① 肯定的相互依存，② 促進的相互交流，

187

③ 個人の2つの責任, ④ 集団作業スキルの促進, ⑤ 活動の振り返りと改善について, わかりやすく解説している。実際のグループワークにも協同学習の技法として, シンク・ペア・シェア, ラウンドロビン, ジグソーなどを取り入れているが, それぞれの要素を促進するための次のことに取り組んでいる。

① メンバー一人ひとりの強みが発揮されることがチーム全体のためになることに気づける場の設定

② 授業および授業外で実際に会って話し合いをしなければならない課題を課す

③ 目標を確認することで, メンバーがチームとしての責任を持ち, また, メンバーそれぞれが役割を担う必要性を自覚できるようなフィードバックを与える

④ 学び合いに必要とされる対人相互関係への意識や, グループ活動のスキルを身につけられるように介入し, 少しでもできれば褒めてさらなる実行に促す

⑤ チームがどの程度目標を達成し, 効果的な取り組みのための関係を維持しているかについて振り返る機会として中間振り返りを設けている

　振り返りの重要性は, チームでの活動の改善につなげていく点にある。学びのプロセスの中で学習者が自らの体験を振り返り, その体験から得た知識を再構築し, 次の体験に活かす機会としている。

2) グループプロセスへの気づきのためのアクティビティと振り返り
　第2回, 第3回の授業では, 多文化グループプロセスについて理解を深めるための体験ワーク (津村 2012, 柳原 1982) を実施する。

アクティビティ中は，他のメンバーの行動や動き方も良く観察し，「自分がどのように参加しているか」，また，「他のメンバーはどのように参加しているのか」など，チーム内に何が起きているのかを意識づけする。体験ワークを振り返りながらチームでプロジェクトを企画実施する上で，メンバー全員が協力してお互いを助け合うことが非常に重要であることを伝え，そのためにチームメンバーが心がけたいことや大切にしたいことについて，グラウンドルールを決める。また，チームのメンバー全員が安心して自分の意見を表現できるベストなチームになるには，何が必要かを考える。グループプロセスに意識が向かうような工夫をすることで，学生が話し合いやプロジェクトの結果だけを重視するのではなく，作業を行う中で生じる文化や言語の壁から学び成長できるように，異文化協働の中のプロセスにも焦点を当てている。

3) タックマン（1965）のグループプロセス理論と対立の理由および解決への手がかり

　第8回目の授業では，グループプロセスの理論について導入する。形成期（関係性を築く），混乱期（考え方・感情がぶつかり合う），安定期（共通の目標や規範が形成される），遂行期（チームが真の力を発揮する）についてのレクチャーを導入し，現にチームで起こっている対立や問題が，チームの成長には欠かせない乗り越えるべき過程であるという認識を促す。

　また，対立の理由を，外向と内向，関係性志向とタスク志向，構造志向と柔軟性志向といったタイプの違いとして解説し，対立や誤解を解決していくためのヒントとして，

① 人にはそれぞれ異なった個性があり人と異なったままでいる
　権利があることを認める

② チームプロセスに対立や誤解は自然なものと考える

③ 相手の弱みよりも強みを探してみる

④ メンバーやグループに対しての自分の気持ちを素直に表現し
　てみる

⑤ ときには課題を離れて一緒に遊んでみる

⑥ TA や教員に相談してみる

などの考え方を提供する。

4) チームメンバーが協力せざるを得ない状況を作る

　セッションは企画書の作成においてもメンバーの協力が必須であるが，実際にセッションを実施するまでには，授業外で何度も話し合いを重ねなければならない。セッション当日は，参加者に学んでもらうため，各メンバーがそれぞれの責任を果たし，チームが力を合わせて取り組まざるを得ない。これまでまとまらなかったチームも，セッションを実施するという協力をしなければ成り立たない状況が与えられ，これに直面したとき結束力が高まる機会となる。

5) WSⅡの意義と価値についての講義を行う

　本科目の意義が1回生に伝わりにくいという指摘があったため，2015度より第1回目の講義で経験者であるリーダー TA に WSⅡがその後の APU 生活でどのように役に立っているかを語ってもらった。また，第7回目の講義では，「グローバル校友講演」を開催し，国際学生（マレーシア）と国内学生の卒業生をそれぞれ2名招待し，多文化協働の意義や異文化理解の重要性を含む APU での学びにつ

いて，社会で仕事をする上でどのように活かされているのかについて講演してもらった。

6) TAによるサポートとTA研修の徹底

TAはチームと各メンバーを観察し，必要に応じてフィードバックを行い，協同的な学びが維持できるように介入する。企画書のコンテンツへのフィードバック支援に加え，グループプロセスに関するサポートも行っている。TAはセメスター開始前，2日におよぶ事前研修において，起こりうるケースを使った介入の仕方を学んだ上で支援を行う。TAが困ったときにはリーダーTAがサポートに入り，必要に応じて教員が介入する。特に重視していることは，TAが解決策を提示するのではなく，チームメンバーが話し合って自ら対策を考えられるように促すことである。また，問題やコンフリクトをメンバーと共に乗り越えようとすること自体が学びであることを伝えることが重要となる。さらに事前研修では，TAの観察力や気づきを高めることやタイミングを逃さない介入のあり方などについて，トレーニングを行っている。

さらに細かい仕掛けとしては，最初の段階で，チームが安心安全な場となるように，2人ないし3人のバディシステムを導入し，授業中にお互いを支援しあうよう意識づけている。バディは授業外でも会い，その様子を写真にとってTAに報告する等，協同学習の基本要素である促進的相互交流をチーム単位よりも小さな単位でも実践している。また，グラウンドルールの導入は共修を促進する大切な仕掛けである。ただ単にチームのルールを考えるのではなく，グループプロセスの振り返りでの気づきに基づいて，お互い安心し

て発言でき，このグループで良かったと感じられるチームにするために大事にしたいことを自分たちで３つ決める。TA は，チームの一部の人ではなく，全員で意見を出し合って，全員が納得できるルールを決めるよう，また，抽象的なルールのみではなく具体的にどう行動するのかも含めて決めるようサポートする。中間振り返りにおいては，チームが目標を達成し，効果的な取り組みのための関係を維持しているかについて振り返るとともに，これらのグラウンドルールを再度確認し必要に応じて修正する。多文化チームにおける共修の学びを深めるためには，きめ細かい仕掛けや工夫を組み込んでいくことが不可欠である。

6. 事前事後アンケートの結果

本コースの初回と最終回の授業では，自己評価（事前・事後アンケート）を実施している。身につけてもらいたい基本的な態度やスキルとしての ① 異文化コミュニケーション力（例：自らの考えや意見を，相手の関心や理解度に合わせて，分かりやすく伝える），② チームワーク力（例：建設的な雰囲気作りをチーム内で行い，チームとしての団結力を強めていく），③ 問題発見・問題解決力（例：他者の見解や仮説に対し，そのまま受け入れるのではなく，さまざまな角度から本質を見極める）に関する 25 項目の設問について，受講生が 5 段階で自己評価を行う。2015 年秋学期の WS II の初回授業では，国際学生 678 名，および国内学生 567 名，また，最終回の授業では，国際学生 635 名，および国内学生 522 名からの回答が得られた。

事前・事後アンケートの平均値の差が特に大きかった（伸び率 15

％以上）項目は，国際生では，「人から指示されるのを待つのでは
なく，何事も自ら進んで取り組み，行動する（17.6％）」と「適切な
タイミングで質問する等，相手が話しやすい環境をつくり，相手の
意見を上手く引き出す（15.4％）」の 2 項目であった。国内学生では，
「自らの考えや意見を，相手の関心や理解度に合わせて，わかりや
すく伝える（18.1％）」「計画された問題解決の手順を，着実に最後
までやり遂げる（完遂力）（16.8％）」「実現すべきゴールに向けて，
所要時間やおこりうるリスクを想定しながら，最適な行動計画を立
てる（16.0％）」「他者の意見や仮説に対し，そのまま受け入れるの
ではなく，さまざまな角度から本質を見極める（15.8％）」「人から
指示されるのを待つのではなく，何事も自ら進んで取り組み，行動
する（15.4％）」および「周囲の意識や行動が，常識から逸脱しそう
な場合，率先して軌道修正に務める（15.1％）」の 6 項目で，課題達
成に対しての意識的な取り組みへの認識が高まっているといえよう。
国際学生および国内学生共に伸びが見られたのは，チームワークに
おける能動性や主体性に関わる「人から指示されるのを待つのでは
なく，何事も自ら進んで取り組み，行動する」の 1 項目であった。

　また，伸びが大きかった項目のうち，コミュニケーションの観点
からみると，国内学生では，「自らの考えや意見を，相手の関心や
理解度に合わせて，わかりやすく伝える」項目の伸び率は，事前平
均 3.1，事後平均 3.7（18.1％）で最も高かった。国際学生による同
項目の自己評価はもともとが高く，伸び率は事前平均 3.6 から事後
平均 4.0（12.4％）であった。コミュニケーションに関わる項目で国
際学生の伸び率が高かったのは，「適切なタイミングで質問する等，

相手が話しやすい環境をつくり，相手の意見を上手く引き出す」で，事前平均 3.4 から事後平均 3.9 に上がった（15.4％）。コミュニケーションにおいて，伝えるのみならず相手の意見を引き出すことへの認識が高まっている点が興味深い。

その他，多角的なものの見方として，「他者の見解や仮説に対し，そのまま受け入れるのではなく，さまざまな角度から本質を見極める（15.8％）」の項目で国内学生が伸びている。国内学生の方に平均値の伸び率が高い項目が多いのは，国内学生より国際学生の方が事前の自己評価で全体的に高い得点を付ける傾向があることが考えられる。

第2節 APU におけるピアリーダー活動を通しての多文化間共修

1. ピアリーダー活用の概要

APU では，世界 76 ヵ国・地域からの国際学生が全学生の約 47％を占める（2015 年 5 月 1 日現在）多文化環境のキャンパスである。その中で，出身地域の異なる約 800 名以上の多様なピアリーダーが活動しており，これは全学生の約 15％を占めている。ピアリーダーとは，ピアサポート活動という「意図的に選出された学生が，他の学生のニーズに応じて支援を行う営み」を担う学生のことであり，現在，APU では，ピアリーダーは新入生サポート，学生相談・支援，授業支援，就職支援などの領域で取り入れられている。より具体的には，課外では，国際学生との混住教育寮の運営をしているレジデントアシスタント（64 名）や，ライブラリー，情報システムに関す

るサポート (44 名)，ライティングセンターでの個別支援活動 (22 名)
などがある。また，正課においては，すべての初年次教育科目に学
部生ティーチングアシスタント（以下，TA）による学習支援（延べ
約 270 名）が行われている。初年次生にとって，高校から大学への
適応，および APU の多文化環境への適応を支援してくれる文化的
背景の異なる先輩ピアリーダーは，なくてはならない存在である。

　初年次教育科目に従事している TA は，特に「初年次 TA」と呼
ばれ，他の講義 TA に比べて，より高度な TA 活動を行っている。
初年次 TA が活躍している授業の内訳は，アカデミックスキルの
修得のための「新入生ワークショップⅠ」（登録必須, 春・秋学期開講）
に 115 名（日・英別），多文化チームで異文化理解とコミュニケー
ションを学ぶ「新入生ワークショップⅡ」（登録必須，秋学期開講）
に 100 名（日・英混合），また，選択科目として，大学生活を成功さ
せる態度形成を目指した「APU 入門」（選択，春・秋学期開講）に
20 名（日・英別），韓国および九州でのアクティブラーニングプロ
グラムである「FIRST」（選択, 春は国内学生向け, 秋は国際学生向け）
に 35 名（日・英別）となっている。TA の主な業務内容は，毎回の
授業ガイドラインに沿った小クラスでの演習の運営，協同で行うグ
ループワークの補助，レポート・プレゼンテーションへのフィード
バック，出席確認，資料配布，課題の回収，必要に応じて授業外で
個別あるいはグループへサポートすることなどである。

2. WSⅡ TA の実際

　上記の「初年次 TA」の中でも，特に多文化間共修に関連するの

が本章の前半部でも紹介した新入生ワークショップⅡ（以下 WSⅡ）のTAである。WSⅡでは，講義部分は言語別の大教室で教員が講義を行うが，その後の演習部分では小教室に分かれて，国内学生12名と国際学生12名が混合でアクティブラーニングに基づいた授業を受ける。そして，この小教室での演習部分を担当するのが，国際学生 TA と国内学生 TA のペア TA である。WSⅡ TA の主な仕事としては，① 教員が作成した教案に基づいて，アクティブラーニング主体の演習を実施する，② レポートの内容についてコメント書きを行う，③ グループワークやプロジェクトの進行状況を観察し，適宜ファシリテーションやサポートを行う，④ 出欠管理を行い，欠席が多い・モチベーションが低い学生への対応を教員と協力して行う，などが挙げられる。これらの仕事をスムーズに行うための準備としては，まず授業が始まるまでにペア TA でミーティングを行い，教案内容の確認やリハーサル，仕事の分担の確認などを行う。授業直前には，そのクラスごとの TA 16 名とリーダーTA 4 名（リーダー TA の詳細については後ほど述べる），教員 2 名で共に 30 分程度の事前ミーティングを行い，授業で必要な資料の配布や授業内容の確認，授業を進める上での留意点の確認などを行い，授業に臨む。授業後は再び TA，リーダー TA，教員で集まり，60分程度の事後ミーティングを行う。事後ミーティングでのふりかえりでは，まず TA としてうまくできた部分と実施上むずかしかった部分を小グループで共有する。特に難しかった部分については全員で解決方法についてブレインストーミングを行い，リーダー TA や教員からもアドバイスや提案などをもらう。最後に次週の教案内

容について確認を行う，というのが事後ミーティングの進め方である。なお，事前ミーティング，事後ミーティング共に，日英両言語で行われ，ミーティングで出たアイデアや内容は，基本的にリーダーTAが日英で記録する。

3.　WSⅡ TA 育成における工夫

　学部生のTAがここまでの仕事を担っているというのは，全国でも非常に珍しいと思われるが，学部生TAの質を確保するために，大学としても幾つかの工夫を施している。第1の工夫としては，TA募集ガイダンスの実施である。より多くの学生にTAという仕事に興味をもってもらい，応募してもらうために，各学期に日英で2回ずつ程度ガイダンスを行っている。ガイダンスでは教員からTAとしての仕事の内容やその意義，TAにとっての成長の機会であることなどを説明した後に，TA経験者数名から体験談やTAとしての成長などについて語ってもらうことにしている。

　第2の工夫としては，WSⅡ TAの選考が挙げられる。選考が行われるのは，WSⅡ TAに初めて申し込む学生が対象である。第一次選考ではWSⅡを希望する理由，これまでのピアリーダー経験，TA経験を今後のAPU生活にどのように活かしたいのか，などについてのエッセイを書いてもらい，その内容とGPA，ピアリーダー経験やピアリーダー関連科目の受講状況などを踏まえて選考を行う。次に，第一次選考に合格したTA候補者はグループ面接へと進む。グループ面接では，1教室に候補者5人程度の小グループを2つ招き，教員1名と職員1名のペアでパフォーマンスを査定する。

まず，日英両言語で自己紹介と志望理由を述べてもらった後に，TAとしてなんらかの問題状況が発生したケースを渡し，そのケースの原因分析と対応策をグループで話してもらう。その後，2つのグループのうち一つが話し合いの内容についてプレゼンテーションを行い，そのプレゼンテーションの良かったところを改善点についてもう一つのグループがコメントを行う，という段取りで進められる。このグループ面接を通して，候補者の言語能力，プレゼンテーション力，フィードバック力，グループファシリテーション力，自己表現力や協調性などを判断する。そして，この第二次選考を通過した学生が，晴れてWSⅡ TAとなれるわけである。なお，WSⅡ TAのうち，これまでに第二次選考を合格したTAの実績を見てみると，WSⅡのTAは未経験でも，その他の初年次TAは経験している者も少なくない。もしくはTA自体は初めてであっても，その他のピアリーダー経験もしくはピアリーダー関連科目の受講経験がある学生が大部分を占めている。また，WSⅡ TAの申込者は，例年国内学生よりも国際学生のほうが多いことも特徴である。

　第3の工夫は，TA研修の実施である。TAに選ばれた学生は，WSⅡが始まる前（例年9月下旬）に2日間のTA研修に参加することが義務付けられている。TA研修では，協同学習やアクティブラーニングの目標や技法に関する3時間のワークショップから始まり，WSⅡの授業内容の説明，TAの仕事内容の説明，各クラスでのTAとしてのミッション設定，TAの業務スケジュールの設定まで行う。その後，授業の1週目から5週目までの実際の授業のリハーサルと，TAとしての授業の進め方の検討を，リーダーTAと教員

の指導のもとに行う。その後，TA が陥りやすい実際の問題や課題について体験的に学べるワークショップセッションに 2 回参加し，最後に 2 日間の学びの振り返りと今後への活用の仕方について小グループおよび全体で話し合いをして終了となる。この TA 研修の特徴としては，① 研修自体に数多くのアクティブラーニング手法を駆使し，TA が体験学習のさまざまな手法を取得できるようにデザインされていること，② 授業の実際のリハーサルとリーダー TA および教員のスーパービジョンを通して，実際の授業の進め方について実践的に学べること，③ 研修の多くの部分をリーダー TA が実施することで，話しやすい雰囲気のなかでモチベーションを維持しやすい環境であること，④ ノウハウのみでなく，なぜ自分は TA になりたいのか，どのように受講生をサポートしてどのようなクラスを創っていきたいのか，TA を通してどのように成長したいのかなど，TA としての使命や意義，ミッションについても深く考える機会を用意し，TA 同士が自分から主体的に協力して TA の仕事に取り組めるような工夫を施していること，⑤ 国内学生と国際学生が日英両言語で話し合い，意思決定を行い，プレゼンテーションを行う機会を数多く用意することによって，多文化コミュニケーションや多文化協働のコンピテンスを向上させられるようにデザインされていること，などが挙げられるだろう。また，この事前研修に加えて，TA 中間研修（3 時間），TA 事後研修（3 時間）が，学期の途中と最後にも設けられている。

　第 4 の工夫としては，リーダー TA の活用が挙げられる。リーダー TA とは，TA のリーダーとして，各クラスにおける TA たち

のサポートと指導を行い，TA と教員の橋渡しを行う TA である。
リーダー TA の大部分は，3，4 年生で過去に WSⅡの TA を経験
した学生が務めており，各クラスに国内学生と国際学生のリーダー
TA が 2 名ずつで計 4 名，5 クラス分で合計 20 名がついている。リ
ーダー TA の主な業務は，① TA 研修の内容を教員とともに開発・
実施する，② 授業前後の事前ミーティングと事後ミーティングの
ファシリテーションを行う，③ 授業中に TA の授業の様子を見て
回り，よくできているところ，成長したところ，改善できるところ
などについて適宜フィードバックを行う，④ 授業後に教員 2 名と
リーダー TA4 名でミーティングを行い，次回の授業の教案の改善
や確認を行い，TA に情報共有をする，⑤ 適宜 TA にアドバイス
を行ったり，イベントを企画するなどして，TA 全体のモチベーシ
ョンの向上・維持を心がける，などである。

　リーダー TA の仕事の中でも，特に重要なものの一つが，TA 研
修の開発・実施である。これを行うために，TA 研修実施の 10 日
～ 2 週間ほど前に，3 日間（2 泊 3 日）のリーダー TA 研修を教員 2
名が実施している。リーダー TA 研修の内容は，チームビルディ
ングのワークから始まって，WSⅡの授業内容の説明，リーダー
TA の仕事内容の説明，リーダー TA としてのミッション設定，リ
ーダー TA の業務スケジュールの設定まで行う。その後，授業の 1
週目から 5 週目までの実際の授業のリハーサルと，TA としての授
業の進め方の検討，および TA 用のワークショップセッションの
企画を，教員の指導のもとに行う。このリーダー TA 研修と TA
研修は一種の入れ子構造になっており，まずリーダー TA 研修で

教員がリーダー TA を対象にさまざまなセッションやワークを行い，そのやり方を参考に 2 週間後の TA 研修では，リーダー TA が TA を対象に TA 研修を行うのである。そして，TA 研修で学んだことを基盤に，実際の授業では TA が受講生を対象に授業を行うという形になっている。

　このような入れ子構造を活用している理由としては，APU における「学びの循環」をつくりだすことが挙げられる。つまり，WSⅡで TA にお世話になった受講生が，TA をロールモデルとして成長して将来 TA を目指し，リーダー TA をロールモデルとして成長した TA は，さらにリーダー TA を目指す，というように，上級生をロールモデルとして受講生―TA―リーダー TA の循環が起こることを意図している。また，この学びの循環は WSⅡの授業のみに限ったことではなく，TA を経験した APU 生は，RA やその他のリーダーを務め，TA 経験を通して培ったさまざまなスキルや態度をその他のリーダー活動に生かしている。

第 3 節　課題と展望

　ここまで WSⅡという授業の特色や工夫と，WSⅡを支えるピアリーダー活用の実際について述べてきたが，WSⅡとピアリーダー制度をさらに改善していくための課題点を以下に述べる。

1) 2 年次以降の多文化協働科目との接続

　WSⅡでは，国内学生と国際学生が日英両言語を駆使して密に多文化協働を行う機会が設けられている。しかしその後，WSⅡで獲

得した多文化コンピテンスにさらに磨きをかけて行く機会は十分提供されていない。したがって，多文化協働の学びの機会を，1年次4年次まで包括的に提供し，学生が多文化コンピテンスをうまくステップアップして学んでいけるカリキュラムの整備が急務である。

2) WSⅡの成果の可視化

グローバル教育の先駆モデルとして，WSⅡはこれまで多くの取材や論文・学会発表などに取り上げられてきた。しかし，このような多文化協働モデルの特異性がもたらす成果研究はまだまだこれからである。今後は，長期的なインパクトなどの研究も含め，WSⅡの成果や学びを可視化し，プログラムの質の改善にも生かしていく必要がある。また，受講生にとっても，この授業を通して何が身についたのかをより明確に意識化してもらう方法を，ルーブリックなどを使って洗練させていく必要も感じている。

3) 多文化理解の楽しさと難しさのバランスを調整しつつ，未来の成長を示す

WSⅡは，日本語や英語が流暢ではない1年生に，60分のワークショップを企画・実施してもらうという，かなり挑戦的な内容である。そのプロセスの中で，言葉の壁に突き当たったり，グループ内でコンフリクトが起こるなど，多文化理解のむずかしさに直面することは避けられない。しかし，むずかしさばかりを先に体験してしまうと，「多文化理解は大変だから避けよう」という態度が形成されてしまうおそれもある。したがって，学生のこれまでの異文化体験やレディネスをみながら課題のむずかしさを調整する，多文化理解の楽しさを経験できる機会も授業の内外で準備する，そして大変

202

さの先にある成長をイメージさせることなどによって，むずかしさと楽しさのバランスを調整し，未来の成長を示すことが必要だと思われる。

4) リーダー TA および TA の継続的な確保と研修の充実

　国際学生および国内学生を合わせて約 1400 名の全学初年次生が対象である WSⅡでは，20 名のリーダー TA と 80 名の TA がクラス運営に携わっている。先輩である彼らが熱意をもって取り組む姿は，初年次生のロールモデルとなるっている。チームや個別の対応や指導にも，向き合い方，心構え，スキルが必要であり，経験から身についてくる部分も多いが，リーダー TA および TA の質を高めて行くために，授業実践に応じて研修の内容を常に見直して行く必要がある。さらに，全学的なピアリーダー育成の仕組みをより充実させていくことが重要である。

5) ピアリーダー活動を通して身につく力を明確化する

　ピアリーダー活動を通して，さまざまな力がつくことは経験上明らかではあるが，ピアリーダー活動を通して身につく力を整理し，ルーブリックとして開発することが望まれる。それによってピアリーダー経験に従事する前に，学生が自分が身に付けたい力と対応する行動や経験を意識でき，ピアリーダー経験後に自分の成長をより明確な形で理解・表現することができるようになるだろう。

6) 相互フィードバックを通して TA 間の信頼関係を促進する

　TA にとって，授業で教えてもらうコンテンツの理解と効果的なテーティングスキルの獲得も大切ではあるが，TA が能力を発揮する上で，ペア TA 同士の信頼関係，および TA 全体のチームワー

クのさらなる育成が重要課題となっている。TA 同士の信頼関係および チームワークを促進する為に，TA 中間研修ではさらに，2 つの工夫を行うことを検討している。1 つ目の工夫は，ペア TA がお互いの仕事の進め方について，① 相手の働き方や進め方，態度などで助かっている点，② これまで相手が頑張ってきた点，成長した点，③ 相手にこうやってもらえると助かるというリクエスト，について正直な相互フィードバックを伝えてもらい，ペア TA 同士の信頼関係を深めるための中間研修の実施である。次に，同一クラスの TA が，TA 事前研修で設定した TA としてのミッションを振り返り，TA チームとしてさらに素晴しいチームワークを醸成する為に，自分たちはどのように動いていきたいのかを全体で話し合ってもらってはどうかと考えている。TA 中間研修にこのような内容を加えることで，教えるコンテンツの理解と共に，チームとしてのプロセスも同時に振り返ることが可能になり，TA 全体としてのモチベーションの向上につながると考えている。

7) ピアリーダーとして学んだことを就職活動や卒業後に生かす

　上記の 5) にも関連する点であるが，ピアリーダーとして得たさまざまなスキルや能力を明確化し，他者にも明確に言語化できるように支援することで，就職活動や卒業後の仕事においてもピアリーダー経験をより活用することができるようになるのではないだろうか。そのためには，たとえばピアリーダー経験者を対象とした，就職活動やその後のキャリアに生かすための特別セッションなどを行うことが望ましい。

　最後に，このWSⅡは，受講生である国内学生と国際学生のみが多文化間共修を目指すのではなく，より多くの当事者を巻きこんだとりくみであることを指摘したい。受講生に加えて，受講生の学びを支援する学部生TA，教員，職員の4者が互いに協力しながらより良い授業を創り上げようとするプロセスの中で，多文化間共修というタペストリーが織り上げられていくのである。ちょうど受講生がWSⅡの授業でセッションを企画・実施するように，TAと教員，職員も，WSⅡという授業を創り上げようとするなかで，時にはぶつかりながらも，お互いの立場や年齢，考えを超えて力を合わせる貴重な機会になっていると考えられる。今後，APUにおける多文化間共修をさらに拡大・深化していく上で，学生同士の多文化間共修のみにとどまらず，大学教育を支える当事者全体がお互いから学んでいけるプロセスを活性化できるかどうかが鍵だと筆者らは考えている。

【引用・参考文献】

秦喜美恵・平井達也・堀江未来（2016）「学生ピアリーダーの成長プロセスとその要因分析に関する質的研究：立命館アジア太平洋大学のティーチング・アシスタントへのインタビューをとおして」『立命館高等教育研究』第16号，pp. 65-82.

津村俊充（2012）「名画鑑賞」『プロセス・エデュケーション：学びを支援するファシリテーションの理論と実際』金子書房，pp. 115-121.

柳原光（1982）「としくんのおつかい」『人間のための組織開発シリーズクリエイティブ O.D. vol. III』プレスタイム，pp. 340-343.

Johnson, D, W., Johnson, R, T and Holubec, E. J.（2009）*Circles of Learning, Cooperation in the classroom（Sixth edition）*, Interaction Book Company.（石田裕久・梅原巳代子訳（2010）『学習の輪：学び合いの協同教育入門』二瓶社）

Tuckman, B. W. (1965) Developmental sequence in small groups. *Psychological bulletin*, 63(6), p. 384.

【編者略歴】

坂本　利子（さかもと　としこ）
立命館大学産業社会学部教授
1951年生まれ。1997年英国エセックス大学にて修士号（比較文化研究）取得。
2001年ロンドン大学アジア・アフリカ研究学院にて博士号（アフリカ研究）
取得。2000年から3年間立命館アジア太平洋大学で教鞭をとり，2003年より現
職。立命館アジア太平洋大学と立命館大学において，国内学生と国際学生，
あるいは海外の大学生との多文化間共修授業実践に携わる。

堀江　未来（ほりえ　みき）
立命館大学国際教育推進機構准教授
1970年生まれ。名古屋大学教育学部在学中，交換留学生として1990-91年に中
国・南京大学へ留学。1995年名古屋大学教育学研究科において修士号取得，
2003年アメリカ・ミネソタ大学にて博士号（教育政策行政学学科国際教
育専攻）取得。南山大学，名古屋大学における留学生相談指導・海外派遣留
学支援担当を経て2009年より現職。

米澤　由香子（よねざわ　ゆかこ）
東北大学国際連携推進機構助教
1974年生まれ。2001年名古屋大学文学研究科において修士号取得（心理学），
2005年イギリス・シェフィールド大学にて修士号（教育政策・実践専攻）取得。
2013年オーストラリア・メルボルン大学教育学研究科博士課程入学，
Melbourne Centre for the Study of Higher Education にて Sophie Arkoudis
教授の指導を受ける。2016年博士課程修了。2016年より現職。

多文化間共修：多様な文化背景をもつ大学生の学び合いを支援する

2017年2月25日　第1版第1刷発行

		坂　本　利　子
編　者		堀　江　未　来
		米　澤　由香子
発行所	株式会社	学　文　社
発行者		田　中　千津子

〒 153-0064　東京都目黒区下目黒3－6－1
電話(03)3715-1501(代表)　振替00130-9-98842
http://www.gakubunsha.com

落丁，乱丁本は，本社にてお取り替えします。　　印刷／新灯印刷
定価は，売上カード，カバーに表示してあります。　　〈検印省略〉

無名大学を優良大学にする力

ある大学の変革物語

ジョージ・ケラー 著／
堀江 未来 監訳　　　本体1600円＋税　　ISBN978-4-7620-2406-1
　　　　　　　　　　　　　　　　　　　　　　C3037　四六判　136頁

　大学運営の専門家の著者が、総合的な観点から、イーロン大学の軌跡と経験、そして優良大学の地位と競争力を得て新たに抱える問題をもしるす。新しいタイプのアメリカの高等教育や、グローバル化の影響で変わりつつある大学の役割や方法論を学ぶため、全入時代に突入した大学のこれからを考えるためにかかせない、待望の邦訳書。大学改革のヒントがこの1冊に。

- -

大学の国際化と日本人学生の国際志向性

横田雅弘・小林明　編著　本体2200円＋税　　ISBN978-4-7620-2395-8
　　　　　　　　　　　　　　　　　　　　　　C3036　A5判　216頁

　「大学の国際化と日本人学生の国際志向性」に焦点を当て、その中で留学生との関係や受入れについての意識も取り上げる。日本、米国、韓国の学生国際交流政策について、外国人留学生の受入れと自国学生の送り出しの双方から検討。また、日本人大学生の国際志向に関する大規模調査の結果を掲載。世界の情勢を背景知識として、日本の大学の国際化を学生国際交流の観点から把握することをめざす。